MA VÉRITÉ

MARIE-PASCALE TREIBER

MA VÉRITÉ

récit

l'Archipel

www.editionsarchipel.com

Si vous souhaitez recevoir notre catalogue et être tenu au courant de nos publications, envoyez vos nom et adresse, en citant ce livre, aux Éditions de l'Archipel,
34, rue des Bourdonnais 75001 Paris.
Et, pour le Canada, à
Édipresse Inc., 945, avenue Beaumont,
Montréal, Québec, H3N 1W3.

ISBN 978-2-8098-0171-2

À Stéphane Munka et à A. K.,
qui ont rendu ma vie un peu moins amère.

À mes filles, sans qui tout ce
que j'ai fait aurait été vain.

À mes très chers collègues.

À tous ceux que j'ai aimés.

Prologue

31 octobre 2004. Géraldine Giraud, fille du comédien Roland Giraud et de son épouse Maaïke, séjourne dans la propriété familiale de La Postolle, dans l'Yonne. Elle est en compagnie de Katia Lherbier, trente-deux ans, qu'elle a rencontrée par l'intermédiaire de sa tante Marie-Christine Van Kempen. Dans la soirée, elles distribuent des friandises aux enfants venus pour Halloween. Le lendemain 1er novembre, à 20 h 15, Géraldine reçoit un appel téléphonique d'une amie sur son portable. La communication est brusquement interrompue ; sans doute est-elle hors de portée des relais. Ce sera l'ultime signe de vie donné par les jeunes femmes.

Le 2 novembre, leur disparition est signalée, l'alerte déclenchée. Les enquêteurs du SRPJ de Dijon, secondés par des confrères de Versailles, investissent la région de Sens. Un avis de recherche est placardé : « Disparition de deux jeunes femmes du Sénonais. Signalement du véhicule : Peugeot 206 gris métallisé – 4896S N 89. »

Le temps passe et l'inquiétude grandit. Roland Giraud, très soucieux, tente en vain d'appeler sa fille, « jusqu'à saturation de son répondeur ». Les familles des deux jeunes disparues ne croient pas à une fugue. À trente-six ans, Géraldine offre l'image d'une comédienne bien dans sa peau. Katia passe également pour une jeune femme heureuse de vivre. De l'avis de tous, elles étaient très liées. Pourquoi auraient-elles fait le choix de fuguer ?

Avec les jours, l'inquiétude laisse place à l'angoisse. Les enquêteurs, eux, font leur travail d'investigation.

L'analyse des bornes de relais téléphonique indique que le dernier appel a été passé à Villeneuve-sur-Yonne, près du domicile des parents de Katia. À 21 h 52, dans la même ville, un inconnu retirait de l'argent à l'un des distributeurs avec la carte bancaire d'une des jeunes femmes.

L'utilisation des cartes bancaires des jeunes femmes, tout au long du mois de novembre, va permettre aux enquêteurs de pister leur détenteur. Et les mener à un nommé Jean-Pierre Treiber…

1

Au matin du 23 novembre 2004, les policiers sont alertés par le pompiste d'une station-service de l'autoroute A5. Un individu roulant en direction de Paris à bord d'une 205 cabriolet vient de régler son plein d'essence avec une des cartes bancaires volées. Aussitôt, la brigade de gendarmerie autoroutière se met en état d'alerte. L'homme est interpellé à la sortie de l'autoroute, juste après le rond-point de la D 432 en direction de Blandy-les-Tours. Il n'oppose aucune résistance, tend son portefeuille sans difficulté. Les policiers y trouvent ce qu'ils cherchaient : trois cartes bancaires, dont deux appartenant à Géraldine Giraud et une à Kathia Lherbier, disparues depuis près de trois semaines.

L'individu est conduit au poste de police judiciaire de Melun, à une vingtaine de kilomètres de là, pour y être interrogé. Totalement inconnu des services de police, Jean-Pierre Treiber paraît tout à fait calme. Il se montre poli, se permettant même de plaisanter avec les policiers. Quand on l'interroge sur la provenance des cartes bleues, il explique qu'elles lui ont été données par deux amies…

*

Le 23 novembre ? Une journée comme les autres. Il a fait beau, pour une fois en cette saison. Les heures se sont écoulées comme d'ordinaire, entre travail, discussions avec mes filles, jeux avec mes deux petites chiennes. Puis je suis allée me coucher, encore remuée par le coup de téléphone de la veille. Je pressens que quelque chose de « foireux » va de nouveau me tomber dessus. Mais je préfère ne pas m'écouter et penser qu'il s'agit plutôt d'angoisses irraisonnées. Peut-être est-ce cette fin d'automne, ou encore mes « dépressions » à répétition qui reprennent ? Je suis si fatiguée... Je prépare un concours. Voici quelques jours, je me suis rendue à une journée de formation. C'est un tel bonheur de recommencer à étudier, de m'ouvrir de nouvelles perspectives... Demain, mille choses à faire.

Avant de m'endormir, je lis un peu. Tout est calme. Là-haut, dans leur chambre, mes filles s'apprêtent elles aussi à dormir. Roulées dans leur panier, mes deux petites chiennes somnolent elles aussi. Le calme.

Nuit noire. J'ai posé mon livre, éteint la lumière, fermé les yeux. Malgré ma lassitude, le sommeil me fuit. Je ne peux m'empêcher de penser à Jean-Pierre, mon mari. Plusieurs mois, déjà, que nous ne vivons plus ensemble. Hier soir, il m'a appelée. Il avait l'air bizarre. Il voulait me voir. Pas chez moi. Ailleurs. Dans un endroit isolé, sans les chiennes. Il avait « des choses » à me dire. Quelles choses ? Il a insisté pour me voir encore dans la semaine. Selon lui, c'était très important, urgent, voire vital. C'est moi qui ai mis fin à notre entretien, pressée que j'étais d'emmener Pauline, ma cadette, chez le dentiste. Que me veut-il encore ? Si j'ai décidé de mettre un terme définitif à notre relation, c'est qu'elle n'avait plus aucun sens. Ne me laissera-t-il jamais tranquille ?

J'ai encore dans l'oreille sa voix au téléphone. Une voix chaude, douce, sa voix des bons jours. Une voix familière qui me réconfortait parfois et qui désormais me déstabilise et m'effraie.

Jean-Pierre Treiber est encore mon mari. Celui qui m'a juré assistance et fidélité, mais qui a si mal tenu ses engagements. Sans doute étais-je trop exigeante, mais comment faire autrement ? Dans la vie, il faut se battre ! S'il ne peut le comprendre, je préfère renoncer. Je ne peux plus rien pour lui. Il faut que j'avance.

La sonnette résonne. Les chiennes, en silence, descendent l'escalier. Derrière elles, je dévale les marches. J'ouvre l'œilleton. Trois inconnus.

— Police. Ouvrez !

Sur le coup, je n'y crois pas. Qu'est-ce que la police viendrait faire chez moi au beau milieu de la nuit ? Une idée folle me traverse la tête : ces trois hommes dans la cour, sur le pas de ma porte, sont de faux policiers envoyés par Jean-Pierre qui veut à tout prix récupérer les deux teckels à poil dur, des petits chiens de chasse. Lorsque nous nous sommes séparés, j'ai refusé de les lui donner, sachant qu'il n'en prendrait pas soin. Voilà pourquoi il m'envoie de nouveaux copains. C'est bien la seule explication que je puisse donner à la présence de ces trois types à ma porte.

— Madame Treiber ? lance à nouveau l'un d'eux, autoritaire. Ouvrez, s'il vous plaît. C'est la police. C'est au sujet de votre mari.

Il a beau dire, je n'y crois toujours pas. Je réponds que je vais ouvrir et m'empresse d'aller mettre les chiennes au garage, en sécurité. J'entrebâille enfin la porte que je bloque du pied pour, le cas échéant, la refermer aussitôt…

— Madame Treiber ? Excusez-nous de l'heure tardive. Nous voudrions vous parler. Peut-on entrer, s'il vous plaît ? Nous avons arrêté ce matin votre mari… Il est chez nous, nous sommes en train de l'interroger et avons besoin de vous.

Poli, l'homme n'a pas l'air d'un voyou. Il a même une certaine classe.

Toujours incrédule, je demande à voir leurs cartes. Celui qui a parlé me tend la sienne. Mais n'importe qui peut en avoir une, même moi ! J'exige de voir le badge. Je sens qu'il s'agace. L'un des deux autres sort son badge. Je finis par ouvrir en disant :

— Pardonnez-moi, messieurs, j'ai cru que vous étiez envoyés par mon mari pour me prendre les chiennes de force. Entrez.

Ils se mettent à rire : c'est précisément à ce sujet qu'ils sont là ! Mais auparavant, ils doivent m'expliquer de quoi il retourne. Je ne suis pas vraiment étonnée. Ce genre d'histoire lui pendait au nez ! Malgré tout, je n'imagine pas que cela puisse être bien méchant.

À présent, ils sont assis face à moi qui reste debout, faute de place. Ils refusent le café que je leur propose. L'un d'eux prend la parole. Lentement, en détachant bien ses mots, il dit :

— Madame, nous venons d'arrêter votre mari en possession de deux cartes bleues volées. Cela ne serait pas très grave si elles n'appartenaient à des personnes disparues depuis plusieurs jours.

Des cartes bleues volées ? Des personnes disparues ? Tout d'un coup, je sens la tête me tourner. Quelque chose de très grave, je le pressens, est arrivé. Impossible… C'est impossible ! Je fais un cauchemar et je vais me réveiller. D'un coup, tout va redevenir normal. Je vais retrouver ma vie si lisse, si banale, la vie normale de tout le monde. Quel bonheur que cette vie-là : un travail sécurisant et intéressant, le premier que je connaisse, et des collègues très sympathiques. Des projets de concours pour faire évoluer ma situation professionnelle. De longues balades en forêt avec mes deux petites chiennes…

Je me sens mal. Les policiers s'en rendent aussitôt compte :

— Madame ? Est-ce que ça va ?

L'un d'eux, plein de prévenance, se lève et me prie de prendre sa place. Très gentiment, il se propose d'aller me chercher un verre d'eau à la cuisine. Je dois être pâle comme une morte. Je me tiens sur ce fauteuil bas de nourrice, les bras croisés, me pinçant fort. Il fait froid et je suis en pyjama devant ces hommes. Je demande l'autorisation d'aller rassurer mes filles que cette visite impromptue a inquiétées.

Ce que je suis en train de vivre est bien la réalité, et non un cauchemar. Une réalité dont je ne connais pas encore tous les tenants et aboutissants, mais qui me donne un horrible vertige. Jean-Pierre se trouve en garde à vue, au commissariat. Qu'a-t-il bien pu fabriquer ? Dans quelle sale histoire s'est-il laissé embarquer ? Et moi, dans tout ça, que me veut-on ? Pourquoi les policiers ont-ils débarqué chez moi ?

— Madame, demande l'un d'eux, toujours le même, qui a l'air de diriger les opérations, avez-vous des problèmes d'argent ?

— Des problèmes d'argent ? Mais non. Je travaille. Et j'ai fait un héritage récemment.

— Et votre mari ?

— Il travaille à mi-temps chez les Métier.

Un silence. J'ajoute :

— Bien sûr qu'il doit avoir des problèmes d'argent, vu qu'il ne travaille qu'à mi-temps.

— Mais il n'était pas aux abois, tout de même ?

— Non, pas aux abois. Je ne lui réclamais pas de pension alimentaire pour la petite et je l'ai même aidé, en mai-juin, quand il a eu besoin d'argent. Mais dans quelle galère est-il allé se mettre ?

— Ça, vous pouvez le dire ! Galère, il n'y a pas d'autre mot. Et ce qui nous étonne le plus, c'est qu'il est inconnu de nos services. Il n'a jamais été arrêté, et là…

L'homme s'arrête et dodeline de la tête, perplexe.

— C'est bizarre, dis-je, songeuse.

Le policier se fait plus précis :

— Madame, il faut que vous nous rendiez un service. Votre mari a utilisé trois cartes bleues appartenant à différentes personnes. Et ce qui est particulièrement embêtant, c'est que certaines de ces personnes ont disparu. Nous les recherchons activement. Il refuse de nous dire comment ces cartes sont parvenues entre ses mains. Nous avons pensé que, si nous lui amenions ses petits chiens, cela l'aiderait à parler. On ne sait plus trop quoi faire, il ne parle pas !

Quoique la situation me paraisse ubuesque, j'accepte de les aider, même si je doute fortement que cela puisse servir à grand-chose. Mais qui ne tente rien n'a rien ! J'opine donc, file m'habiller et leur demande si je dois prévoir quelque chose pour passer la nuit. Ils se mettent à rire et me réconfortent : ce n'est pas moi qui suis en garde à vue !

Pourrai-je aller travailler demain ? Toute cette histoire ne risque-t-elle pas de me faire perdre mon emploi ? Le plus jeune me rassure. Il ne me reste qu'à prévenir mes filles que je dois partir, puisque c'est à ce prix, croit-on, que Jean-Pierre acceptera de parler. Et je sors de la maison accompagnée de mes deux chiennes.

Nous nous séparons en deux groupes, les jeunes inspecteurs dans leur véhicule, le commandant de police dans ma voiture avec mes chiennes et moi. Nous roulons sur la voie, déserte à cette heure, que j'emprunte chaque jour pour me rendre à mon travail. Mon passager m'interroge sur mon mari. Jean-Pierre, lui dis-je, n'a jamais été un type facile à vivre, mais les choses se sont vraiment détériorées avec l'arrivée dans sa vie de François V. et Patricia D. Depuis, il a changé. Il s'est mis à se parfumer, chose qu'il disait abhorrer.

Avec eux, il a commencé à mener la « grande vie » et se comporte à mon égard comme un goujat.

Ma vie vient de basculer. Je ne maîtrise plus rien.

Nous pénétrons dans la cour du commissariat, interdite au public.

— Vous voyez bien qu'on ne vous arrête pas. Au contraire, vous avez l'honneur d'entrer dans le saint des saints ! dit le commissaire en riant.

Il m'aide à sortir les chiennes de la voiture et nous nous dirigeons vers le garage où sont parqués les véhicules de police. Dans l'ascenseur qui monte en grinçant, avec les deux autres inspecteurs, nous ne parlons plus.

À l'étage, un couloir au sol impeccable, baigné d'une lumière crue. Pas le temps de contempler, on me désigne une rangée de sièges où m'asseoir.

Le commandant prend les chiennes, mais elles rechignent à le suivre et le contraignent à les tirer avec vigueur. Le sol fraîchement lustré ne leur permet pas de lutter. On se regarde en riant. Cette histoire a malgré tout un côté cocasse. Je m'attends à entendre les petits couinements des chiennes, heureuses de retrouver Jean-Pierre, mais rien ne vient.

Une minute. Puis deux. Puis dix. Je regarde mes chaussures, l'esprit embrumé, incapable de considérer autre chose que l'absurdité de la situation. Puis, soudain, mes deux petites chiennes sortent en tirant sur leur laisse, suivies du commandant. Elles se précipitent vers moi en jappant, l'air content, comme après une longue absence.

— Il n'a rien dit, concède tout bas le policier avec un petit geste de dépit. Il n'y a rien à en tirer. Il reste muet comme une carpe.

Voilà qui ressemble tout à fait à mon mari.

— Est-ce qu'il veut me voir ?

Au regard du commandant, je comprends que Jean-Pierre ne le souhaite pas. De toute façon, ma question est idiote. Je devrais savoir qu'on n'a pas le droit de voir les gens en garde à vue !

Mais ces mots sont venus spontanément à mes lèvres. Tout d'un coup, je ressens le besoin impérieux, vital, de savoir. Et pour cela, il faut que je me retrouve face à face avec mon mari. À ce moment précis, j'ai le sentiment que je suis la seule personne au monde à pouvoir le faire parler. Il ne dira jamais rien aux policiers. Je sais que j'ai compté dans sa vie et je pense qu'il m'aime malgré tout.

Le commandant me demande fermement de garder le secret sur cette arrestation et de n'en parler à personne. Le sujet est très délicat, insiste-t-il. « Nous marchons sur des œufs. » Je promets. En nous séparant, nous échangeons nos coordonnées.

De retour chez moi, épuisée, je ne cesse de ressasser les mêmes questions dans ma tête. Qu'a-t-il fait exactement ? Quand ? Pourquoi ?

Nuit noire. La maison est calme. Allongée sur mon lit, je ne parviens pas à trouver le sommeil. Les images défilent sous mes paupières closes. Des images qui remontent à une quinzaine d'années en arrière, à l'époque où j'ai rencontré Jean-Pierre…

Un homme bien. Voilà ce que je ressens quand je croise pour la première fois la route de ce grand blond-roux au crâne dégarni et au visage asymétrique, à cause de son œil tombant. Il est toujours vêtu d'un blue-jean et d'un éternel T-shirt bleu pâle.

À cette époque, Jean-Pierre Treiber et moi sommes employés dans la même société. Secrétaire, je suis la seule femme parmi une vingtaine d'hommes. Excellent professionnel, ses connaissances inspirent le respect. Il semble peser chacun de ses mots et dégage une impression de force, de grand courage et de maturité. Il travaille comme un acharné. Et, de fait, il est l'homme de « confiance » du directeur qui se repose beaucoup sur lui.

À bavarder en sa compagnie, j'apprends qu'il n'a que deux passions au monde : le travail, précisément, et la chasse. Il se montre avec moi comme avec tous ceux qu'il approche, à la fois généreux de son temps et de son argent. Je ressens pour lui une admiration naissante.

J'aime son caractère entier, bien trempé, qui lui donne un air franc et droit. Voilà un type qui sait ce qu'il veut, n'hésite pas à dire les choses comme il les pense et qui n'a peur de rien ni de personne. Ce genre me rassure. Parfois, il est un peu dur, mais il fait preuve d'une telle détermination qu'il en devient remarquable.

Ami hors pair, c'est lui qui fait embaucher son camarade Fernand dans la société et négocie âprement son salaire auprès du directeur. Comme j'aimerais avoir un tel ami !

Seule avec ma petite Anaïs, traumatisée par des années de chômage et de terribles galères, je suis alors âgée de trente-deux ans et plus que jamais désireuse de vivre une vie régulière. Je n'ai aucune envie de rester seule, malgré ma famille qui me répète que je suis déjà vieille et que personne ne voudra plus de moi. Quoi qu'on en dise, la vie d'une femme seule n'est pas toujours drôle. Et, à la trentaine, la libido nous titille tout de même un peu ! Avec Jean-Pierre, je veux oublier mon échec avec le père d'Anaïs. Avec un tel homme, j'aurai enfin ce dont je rêve depuis si longtemps : une vie normale…

Le premier mois de notre relation est une sorte de rêve éveillé. D'une grande gentillesse, Jean-Pierre est tout à la fois câlin, attachant, drôle et prévenant. Touchant aussi ! Il m'invite souvent au restaurant où il se montre agréable et attentionné. Mais, le plus souvent, il m'emmène rendre visite à ses amis, notamment Fernand. Et puis, nous faisons de longues promenades en pleine nature.

Un samedi soir de juillet, avec Fernand, sa femme et ses enfants, nous nous rendons à un méchoui organisé par l'association sportive et culturelle du petit village de Sternenberg, dont le nom signifie « mont des étoiles ». C'est une fête toute simple, organisée avec les moyens du bord et suivie d'un bal. Je passe un très agréable moment en compagnie de gens simples et nature, comme je les aime, parmi lesquels je me sens bien. Loin, très loin de tous mes soucis passés... Ce soir-là, délicat et affectueux, Jean-Pierre se montre si tendre et si aimant !

Tout naturellement, je l'aide à entretenir la pépinière qu'il a réalisée sur l'un des terrains de son ami Fernand. Le désherbage ne me fait pas peur. Nous nous y rendons après le travail, vers 18 heures, pour y œuvrer jusqu'à la nuit tombée, dans la fraîcheur du crépuscule. Jean-Pierre se tient à mes côtés. Dès le deuxième jour, pourtant, il me demande la permission de partir à la chasse. Je me retrouve seule à arracher les herbes, mais qu'importe ! J'aime travailler la terre. Proche de la nature, je m'y sens utile et rassurée. À la nuit tombée, lorsqu'il revient me chercher, je lui montre mon travail, toute fière, et lui demande s'il lui convient.

— Un bon patron ne dit jamais à son employé qu'il est content de lui, me dit-il simplement.

— Mais tu n'es pas mon patron, tu es mon amant, non ?

En guise de réponse, un grand rire le secoue.

La chasse ! Je sais à quel point cette activité lui est chère. Moi, j'exècre cette occupation barbare. Je rejette l'idée de donner la mort, je déteste la cruauté et les rires gras des hommes quand ils ont abattu une pauvre bête par plaisir. J'ai toujours aimé les animaux et toujours eu du chagrin de les voir se faire tuer. Et pourtant, je suis arrière-petite-fille et fille de chasseur ! Dans la famille, la chasse est une tradition exclusivement virile. Vivre avec un chasseur n'est donc pas pour me dépayser, même si cette pratique me déplaît bigrement. Mais il faut bien accepter les gens tels qu'ils sont, afin qu'eux-mêmes nous acceptent. Il faut surtout s'attacher à leurs qualités et savoir passer sur certains de leurs défauts.

Chasser, pour Jean-Pierre, c'est marcher de longues heures au plus profond de la forêt ou de la campagne, rester des heures perché dans un arbre ou sur un mirador, à l'affût. Je me souviens encore, comme si c'était hier, de ce jour d'août au cours duquel nous nous sommes rendus dans les bois de la commune d'Hecken. Alors que nous marchions côte à côte à la lisière d'un champ de maïs, il a soudain vu un oiseau se poser avant de reprendre son essor d'un vol léger, très vif. Le volatile n'avait pas dépassé les maïs que déjà Jean-Pierre faisait feu. Ensuite, il a couru le ramasser, puis il est revenu, tenant entre ses mains le petit corps inerte qu'il caressait avec tendresse.

— Regarde ! Regarde comme elle est belle ! Une tourterelle cendrée. C'est très rare !

— Il serait mieux en vie, tu ne crois pas ? Surtout s'il est si rare…

Beau, cet oiseau mort ? D'un coup, j'ai senti monter en moi un intense chagrin et des larmes se sont mises à couler sur mes joues. N'avait-il tué cet animal que pour me le montrer ? Ou pour se vanter de son coup de fusil ?

— Pfft, tu es bien une fille de la ville !

Je n'étais pas vexée le moins du monde, mais nous n'avions pas la même vision de la vie. Cependant, je comptais bien le rallier à ma cause : tuer pour manger, à la rigueur, mais pas pour le plaisir.

Nuit noire, toujours. Je ne dors pas. Comment pourrais-je dormir ? Je me tourne et me retourne dans mon lit, lorgnant désespérément le réveil. 4 heures du matin. Sous mes paupières mi-closes, ma vie avec Jean-Pierre défile. Je me souviens à quel point il m'émouvait quand il me parlait de lui, de ses parents, de son enfance. Je l'entends encore égrener ses souvenirs…

— J'en ai vu de belles. Une fois, j'étais allé pêcher au bord du lac d'Alfeld, j'étais assis sur le barrage. Un type m'a brusquement poussé dans le dos et je suis tombé à l'eau. À l'époque, je ne savais pas bien nager. Ce jour-là, je te jure, en tombant, j'ai vu ma vie défiler devant mes yeux. Ça fait plutôt bizarre. Je me suis agrippé au mur de béton pour regagner la rive. C'est fou, tout de même, l'instinct de survie !

Un soir, au moment du coucher, alors que nous étions amants depuis un mois et que nous devions garder la maison de mes parents partis en vacances, il a commencé à me faire mille reproches qui m'ont fait pleurer et m'ont profondément blessée. Le ménage était mal entretenu. J'avais l'air d'une grand-mère, le soir, tricotant devant la télévision. Quant à ma fille, elle était trop gâtée et capricieuse ! Il n'était pas en colère, il était au contraire très calme, mais il se moquait de moi en riant. Il me condamnait sans appel. Je suis partie pleurer dans une autre chambre, persuadée que, décidément, personne ne pouvait m'aimer et que la vie à deux n'était pas faite pour moi. Ses mots m'avaient d'autant plus ébranlée que ma mère avait proféré les mêmes à mon sujet. Il devait donc y avoir un fond de vérité... « Pourquoi me cherchent-ils des poux ? me disais-je. Qu'ils me laissent donc seule ! Au moins, personne ne me fera du mal ! » Ce que je désirais, c'était vivre tranquille, tout simplement.

Le lendemain, je lui ai annoncé qu'il valait mieux nous séparer sans attendre, puisque nous n'avions rien en commun. Il m'a répondu que, si je le quittais, il irait rapporter au directeur que nous avions eu une liaison – chose qui m'avait été formellement interdite à l'embauche – et qu'il donnerait sa démission ou exigerait mon renvoi. Il ne se gênerait pas non plus pour tout raconter en détail aux autres employés. Je savais pertinemment que le directeur me licencierait aussitôt, qu'il avait plus besoin de Jean-Pierre que de moi et qu'il me remplacerait sans difficulté. Je n'avais pas le choix, j'étais coincée. J'avais commis une sottise, je devais l'assumer. D'ailleurs, inutile de compter sur le soutien de ma famille ! Suite à cette explication, il est redevenu tendre et gentil. Pour un moment.

À cette époque, si Jean-Pierre pouvait m'effrayer, il se montrait aussi aimant. Il avait parfois l'air si triste et malheureux que j'avais envie de le rendre heureux. Je rongeais mon frein, persuadée que tout était ma faute s'il pouvait se montrer agressif et méchant. Me croyant insupportable, je faisais des efforts pour m'améliorer et lui être agréable. Les choses, croyais-je, iraient en s'arrangeant. Il finirait par voir que j'étais quelqu'un de bien, malgré mes défauts !

— Viens, Marie. J'ai une surprise pour toi dans la voiture !

Quinze ans plus tard, j'entends encore la voix enjouée de Jean-Pierre, je revois son visage hilare à la porte de mon appartement. Et je me revois descendre jusqu'à son véhicule, dubitative. La surprise, *sa* surprise, ce sont des frusques empilées et plusieurs cartons. Il vient s'installer chez moi ! Bouche bée, je tâche de faire face à ce désordre. Mais il semble si heureux que je n'ose pas protester, même si sa décision me paraît pour le moins prématurée.

À peine s'est-il installé que je le regrette amèrement. Il est toujours ce même « type difficile à vivre », qui se mêle de tout et critique le moindre de mes faits et gestes. Et pourtant, si Jean-Pierre sait être pénible, il sait parfois se montrer extraordinaire. Il a une vision des choses souvent très pertinente. De toute évidence, nous partageons une sorte de mal-être issu de notre enfance difficile. Lui aussi s'est souvent senti rejeté, tout comme moi, et cela nous rapproche.

En novembre, cette année-là, je m'aperçois que je suis enceinte. Or, les choses ne vont pas fort pour moi. Très fatiguée, j'ai le sentiment d'être envahie et totalement débordée. Jean-Pierre, lui, paraît enchanté de cette nouvelle. Il parle mariage et me dit :

— Tout ce que je te demande, c'est de me prendre tel que je suis. Et surtout, promets-moi de ne pas changer et de me laisser libre, comme tu l'as toujours fait. J'en ai vu plus d'une qui, une fois mariées, changent du tout au tout !

Je m'emploie à le rassurer. Tout va donc pour le mieux dans le meilleur des mondes…

Un proverbe populaire prétend : « Mariage pluvieux, mariage heureux. » Le jour de mon union avec Jean-Pierre, il tombe des trombes d'eau. On dirait que le ciel pleure. Moi, toute fière, je me dis que je vais enfin avoir une vie normale, que j'ai fait mentir tout mon entourage, qu'on peut refaire sa vie après trente ans.

Il faut dire que, les premiers temps, Jean-Pierre va se montrer vraiment adorable. Tout le contraire du père de ma fille ! Je suis contente de n'avoir pas commis la même bêtise. Cette fois, j'ai fait le bon choix : un type courageux, simple et posé. Mes parents, ma famille, mes amis, tout le monde est là et semble content. C'est la fête ! Le buffet est fin prêt. Nous avons loué les services d'un orchestre. Enceinte de près de cinq mois et exténuée, je suis tout de même heureuse. Jean-Pierre, lui, danse et s'amuse comme un fou. Il nage dans le bonheur.

Mon seul but est alors de le rendre heureux. Je ne pense à rien d'autre. C'est la seule chose qui compte pour moi.

2

Le radio-réveil retentit et me fait sursauter. Brutalement tirée du sommeil dans lequel j'ai tout de même fini par sombrer, je m'éveille à une réalité de cauchemar : l'interpellation de Jean-Pierre. C'est la première chose qui me revienne à l'esprit. Et les mêmes questions recommencent à tourner dans ma tête.

8 h 10. Comme tous les jours à cette heure, je salue mes collègues en arrivant au bureau. Je m'installe et prends aussitôt mon café sans traîner, comme tous les matins. Il a un goût atroce, mais c'est toujours ainsi quand je vais mal. Tout à l'heure, déjà, j'ai jeté une partie de mon café au lait dans l'évier !

Je commence à travailler, mais j'ai toutes les peines du monde à me concentrer sur mes dossiers. Je ne parviens à penser qu'à une seule et unique chose : à quelle sauce vais-je être mangée ? Je ne tiens pas en place. Mes collègues voient bien que quelque chose me tracasse et que je ne suis pas dans mon assiette.

Prenant mon courage à deux mains, je décide de téléphoner au commissariat. Il se trouvera bien quelqu'un, là-bas, pour me dire ce qu'il est advenu de Jean-Pierre. Mais, si le fonctionnaire de police que je finis par avoir au bout du fil se montre compréhensif, il refuse toutefois de me dire quoi que ce soit. À cet instant, une alarme résonne dans ma tête. Qu'est-ce qui va encore me tomber dessus ? Qui me dit que cette arrestation ne sera pas remarquée par un collègue dans la rubrique des faits divers ? Tout finit toujours par se savoir.

Étant fonctionnaire d'État, je suis astreinte à une stricte déontologie qui m'enjoint d'avoir une conduite irréprochable et d'éviter la fréquentation de gens malhonnêtes. Sinon, je risque un blâme, voire une mise à pied. L'État ne peut accepter d'avoir à son service des agents dont la probité seraient sujette à caution. Ses employés se doivent d'être des exemplaires.

Or, non seulement je fréquente un homme malhonnête, mais de plus il s'agit de mon mari ! Si je ne dis rien, ils vont croire que je le couvre, que je suis sa complice ! « Qui ne dit mot consent. » Et je ne peux pas consentir. Je perçois si violemment ce danger que j'en ai des vertiges. Par-dessus tout, je tiens à mon gagne-pain comme à ma dignité. Le simple fait d'imaginer deux minutes que je puisse être mêlée à une escroquerie m'est insupportable. J'en mourrais de honte !

Saisie d'une brusque impulsion, je quitte mon bureau et vais frapper à la porte de ma chef de service. Elle m'écoute, puis, posant son stylo :

— Vous avez bien fait de m'en parler, me dit-elle. Sachez que je vous crois et que nous vous soutiendrons.

Voilà, c'est fait. Elle a prononcé les mots qui me rassurent. J'insiste toutefois sur un point :

— Les policiers m'ont demandé de ne rien dire. Je compte sur votre discrétion, car personne ne doit le savoir. Il ne faut aucune fuite. Il me reste une faveur à vous demander, madame : puis-je prendre mon après-midi ?

Elle accepte. À la maison, les filles font de drôles de têtes. Après le repas, j'emmène Pauline chez le psychologue, où elle se rend depuis peu chaque mercredi. C'est bien, elle pourra parler. Âgée de quinze ans, elle ne va pas bien du tout ces derniers temps. Elle est très fragile. C'est l'âge, sans doute, mais après tout ce que nous avons vécu, je m'étonne à peine de ses réactions. Subir, ce n'est vraiment pas évident pour elle ! Avec son accord, je vais tout raconter au médecin. Pauline a du mal à se confier directement. Mais le médecin me considère d'un air étonné, comme si je commettais une grave indiscrétion.

— Madame, je n'ai pas à vous parler ! C'est Pauline que je vois, pas vous !

— Oui, mais elle est mineure et je suis sa maman. Si je veux vous parler, c'est que j'ai une bonne raison.

Elle consent à contrecœur et nous nous dirigeons vers son bureau. Là, en présence de ma fille, je lui explique rapidement la situation, avant de m'éclipser. Je pense alors aider Pauline. Mais, lorsqu'elle finit par sortir à son tour, elle me prend par la main et m'entraîne aussitôt dans la voiture. Une fois assise, elle se met à hurler :

— Je ne veux plus y aller ! Ça ne sert à rien ! Sais-tu ce qu'elle m'a dit après ton départ ?

Comme je reste interloquée, elle me lance, furieuse :

— « Ça te fait quoi d'être la fille d'un délinquant ? »

Un silence, puis Pauline ajoute :

— Papa n'est pas un délinquant, hein, maman ?

Atterrée, je me dis que j'aurais mieux fait de me taire. Comment cette psychologue se permet-elle de juger ainsi un homme, du simple fait qu'il a été placé en garde à vue ?

*

On est toujours sans nouvelles de la comédienne Géraldine Giraud et de son amie Katia Lherbier, toutes deux disparues début novembre.

La garde à vue est terminée. Au bout de quarante-huit heures, Jean-Pierre Treiber a été présenté à un juge d'instruction de Sens. Le suspect ayant effectué des achats avec les cartes bancaires de Géraldine Giraud et Katia Lherbier, le magistrat l'a mis en examen pour « vols et escroqueries », afin de définir un cadre juridique.

Le procureur Michel Meurant reste extrêmement prudent et déclare « détenir des objets appartenant à des personnes mystérieusement volatilisées ». « C'est une situation pour le moins gênante. Cet homme va devoir fournir des explications. »

Des expertises ADN sont en cours.

★

Lorsque ma chef de service me demande de la rejoindre dans son bureau, je sens soudain mon cœur battre à tout rompre.

— Marie-Pascale, vous m'avez parlé hier d'une affaire de cartes bleues dans laquelle votre mari serait impliqué…

— Oui.

— Mais vous ne m'avez pas dit que les faits étaient bien plus graves que ça, si j'en crois ce que j'ai entendu à la radio !

Interdite, je bafouille que je me suis contentée de dire ce que je savais, et rien d'autre. Des faits plus graves ? Je la regarde, incapable de prononcer un mot.

— Les policiers ne vous ont rien dit ? ajoute-t-elle.

— Non…

Le soir, à la maison, le téléphone sonne. Ce sont des amis de mon mari qui m'appellent, affolés. Ils ont appris l'arrestation dans *Le Parisien* et sont sous le choc. Je sors aussitôt acheter le journal. L'arrestation de Jean-Pierre figure en première page. C'est bien sa photo. Penché en avant, légèrement de profil, il semble entravé par des menottes.

Il porte son gilet kaki en laine polaire cousu d'un petit sanglier. Il est entouré de policiers. Bouleversée, j'éprouve de la pitié pour lui, mais je me sens extrêmement mal à l'aise. Mon premier réflexe est de jeter le journal, mais à la réflexion je vais vite le cacher sous mon lit. Je préfère que cette manchette ne tombe pas sous les yeux de mes filles. Comment réagiraient-elles ? Il faut que je les protège, elles sont trop innocentes. Trop fragiles également. Et suffisamment perturbées ! Vaille que vaille, il faut que je les épargne au maximum en les tenant aussi loin que possible de toute cette affaire. Je lirai l'article ce soir, seule dans mon lit, quand elles seront couchées.

Brusquement, mon cœur s'affole de nouveau. Si Jean-Pierre se retrouve à la une d'un quotidien national, *L'Alsace* reprendra sûrement l'information dès le lendemain. Toute ma famille, qui habite l'est de la France, sera au courant. Pour mon père, pour mes beaux-parents, pour mes frères et sœurs, leurs conjoints, leurs enfants, le choc va être terrible. Il faut que je prenne les devants et que je les avertisse. À peine rentrée, je compose le numéro de ma nièce Sandrine.

— Bonjour, Sandrine, je t'appelle pour te prévenir de quelque chose de grave. Jean-Pierre a été arrêté.

« Arrêté. » Pourtant prononcé à voix basse, le mot résonne sinistrement. À l'autre bout du fil, ma nièce pousse un cri de surprise. Je l'écoute me poser des questions sans parvenir à lui répondre. Que pourrais-je bien lui dire, d'ailleurs ? Je m'empresse de raccrocher le combiné, interdite et songeuse. Avoir vu sa photo dans le journal m'a profondément troublée. J'essaie de comprendre ce qui a pu déraper. Je me remémore notre passé commun.

Après notre mariage, comme tout un chacun, Jean-Pierre et moi avions rêvé d'acheter une maison. Mais nous étions sans argent. Jean-Pierre, qui ne supportait pas l'appartement où nous logions en pleine ville, était souvent absent. Il voulait aller vivre à la campagne, mais craignait que je ne puisse m'y habituer.

À cette époque, je suis encore heureuse avec lui. Je vis une grossesse agréable, au cours de laquelle il se montre calme et attentionné, de bonne humeur et vraiment amoureux. Tout va bien et je savoure mon bonheur. Chaque soir, il se penche sur mon ventre et dit bonsoir au bébé, qui se met à gigoter pour lui répondre. C'est très mignon ! Nous rions, nous sommes heureux et je vis sereine, dans une petite bulle. Je pense qu'il m'aime et je me sens très bien auprès de lui, en dépit des détails qui nous séparent. J'oublie les moments de crise. Je ne veux plus y penser.

La petite Pauline naît dans la nuit du 4 août 1989, deux centième anniversaire de l'abolition des privilèges. Cette petite aura donc toujours raison ! Tout s'est passé pour le mieux, sans le moindre problème. Une autre coïncidence fait bien rire tout le monde : la marraine du bébé, la sœur de Jean-Pierre, s'appelle Paulette, tandis que son parrain, compagnon de ma sœur cadette, s'appelle Paul ! Nous ne l'avons même pas fait exprès !

Petits rires tout simples, menus détails qui apportent à la vie un peu de légèreté. Tout va si bien ! La petite est une vraie poupée, toute délicate, timide et sage : un amour de bébé ! Jean-Pierre se montre un père attentionné. Il aime sa fille et s'amuse avec ce nourrisson qui ne sait que rire. Anaïs, ma fille aînée, est elle aussi toute folle de sa petite sœur. Un vrai bonheur, même si mon « petit » mari a parfois l'air soucieux et insatisfait. Il me répète qu'il ne supporte pas la ville. Je le laisse pourtant totalement libre de faire ce qu'il veut.

Pourquoi ne lui ferais-je pas confiance ? Tout va si bien entre nous !

La sonnerie du téléphone met brutalement fin à ma rêverie. Je me lève et cours décrocher le combiné. Au bout du fil, une voix inconnue :

— Madame Treiber ?

— Oui ?

— Bonjour, madame. Pardonnez-moi de vous déranger. Je suis journaliste et je travaille pour TF1. Puis-je vous parler quelques instants ?

— Me parler ?

— En fait, j'aimerais vous rencontrer. C'est à propos de votre mari…

Un silence. J'hésite. Que dois-je répondre à cet homme ? Oui ? Non ? Dois-je accepter de le voir ? Qu'est-ce que les journalistes peuvent trouver de si intéressant à Jean-Pierre Treiber ? Comme je reste muette, mon correspondant insiste. De guerre lasse, je finis par lui donner rendez-vous. Pas chez moi, bien sûr, mais en terrain neutre. Devant la mairie de mon domicile.

Ils sont trois à m'attendre. Le premier tient une énorme caméra. Le deuxième, avec sa grande perche, est le preneur de son. Quant au troisième, le plus âgé, il se dirige vers moi, main tendue :

— Acceptez-vous de nous accorder une interview ?

Une interview filmée ? Pour la télévision ? D'instinct, je recule. Non, je ne veux pas parler face à la caméra. À moins qu'on me laisse évoquer la tragédie qui m'a frappée lorsque ma fille Anaïs a été atteinte d'un cancer des os, et qu'avec d'autres parents d'enfants malades nous avons tenté d'alerter la presse sur le double drame que nous vivions. Non seulement nos enfants souffraient d'une maladie mortelle, mais l'administration avait décidé de fermer le service de Mme Delépine, où nos enfants étaient soignés. Elle le raconte d'ailleurs dans un livre qu'elle a fait paraître en juin 2000, intitulé *Neuf petits lits au fond d'un couloir*[1]. Nous sommes allés frapper à la porte de tous les médias. Très peu de journalistes se sont mobilisés, et surtout pas ceux des grandes chaînes. Par contre, dès qu'il s'agit de cartes bancaires volées à des *people*, l'artillerie lourde se met en branle ! Voilà ce que je tente d'expliquer au journaliste qui me fait toujours face, visiblement interloqué.

— Mais madame, me dit-il, il ne s'agit pas de ça… C'est à propos de votre mari, impliqué dans une très grave affaire. Enfin… vous n'êtes pas au courant ? Il s'agit de la disparition de Géraldine Giraud et de Katia Lherbier. On le soupçonne de les avoir éliminées toutes les deux pour s'emparer de leurs cartes bancaires. Vous devez nous parler, dire que vous n'y êtes pour rien. Après, on vous fichera la paix !

Scène irréelle. Pour un peu, je me pincerais pour me prouver que je ne rêve pas. Moi, simple agent au Trésor public, menant une vie des plus normales, me voici mêlée à un imbroglio invraisemblable ! D'abord, mon mari est arrêté. Ensuite, son visage est placardé à la une des journaux. Et voilà maintenant qu'un journaliste me demande de me justifier dans une affaire dont je ne sais rien et, surtout, dans laquelle je ne veux me trouver impliquée sous aucun prétexte.

— Vous ne voulez rien savoir ? me lance-t-il, comme je lui explique les faits le plus calmement possible. Vous n'avez donc aucune compassion pour les familles de ces deux jeunes filles ? On les cherche depuis près d'un mois !

---

1. Éditions Michalon.

Vous n'allez pas nous faire croire que vous n'étiez pas au courant ? Allez, madame, soyez gentille, dites-nous simplement deux mots.

Jean-Pierre a des torts. Il s'est mal comporté vis-à-vis de moi. À mes yeux, il entretient aussi des relations plus que douteuses. De là à le faire passer pour un ravisseur et un criminel, il y a tout de même de la marge. Alors, bien droite, les yeux dans les yeux, je crie au journaliste :

— Je suis certaine que mon mari n'a rien fait. Il a des tas de défauts, Jean-Pierre, mais il est incapable d'enlever qui que ce soit !

— Ah oui ?

L'homme me considère d'un air narquois.

— Et comment expliquez-vous qu'on ait trouvé dans sa voiture une dague de chasse couverte de sang ?

— Eh bien, tout simplement parce qu'il est chasseur ! Et qu'il ne nettoie pas ses couteaux ! Ce n'est pas un crime, tout de même, de ne pas être propre !

Un nouveau silence. L'homme change de ton :

— Si vous êtes si certaine que votre mari et vous êtes innocents, pourquoi refusez-vous de le dire face à la caméra ?

— Parce que je refuse le diktat de quiconque et que, jusqu'à nouvel ordre, j'ai le droit à mon anonymat !

Demain, sans doute, tout sera rentré dans l'ordre… Les jeunes femmes réapparaîtront. Les journalistes racontent n'importe quoi ! *Le Parisien* exagère ! Il ne peut s'agir que d'un malentendu !

Samedi, 9 heures du matin. La sonnerie du téléphone me tire d'un mauvais sommeil.

— Madame Treiber ?

— Oui…

— Je suis journaliste, madame. Comment réagissez-vous à tout ce qui se passe ?

— Pardon ?

— Vous ne comprenez pas ma question ?

— …

— Alors je vais la formuler différemment. Qu'est-ce que ça fait d'être la femme d'un assassin ?

3

Nous avons fini de déjeuner. Les filles veulent aller au cinéma. Je trouve que c'est une très bonne idée qu'elles puissent se divertir. Elles en ont bien besoin ! Je vais d'ailleurs en profiter pour rester au calme et faire une petite sieste.

À 15 heures, alors que je suis assoupie, le téléphone sonne. C'est une journaliste de RTL, très sympathique, mais elle me surprend dans un « moment de faiblesse » et va s'imaginer que je suis une paresseuse. J'ai terriblement honte ! Nous parlons un petit moment et j'élude ses questions du mieux que je peux. Je ne dis que le strict minimum.

À peine ai-je raccroché que le téléphone sonne de nouveau. La voix est jeune, agréable, presque joyeuse. C'est un jeune homme d'une telle politesse que je ne me sens pas la force de l'éconduire. Mais je reste sur mes gardes. Quand il en vient au couteau de chasse ensanglanté trouvé dans la voiture, je lui lance :

— Oh, mais c'est du sang de sanglier, j'en suis persuadée. Il ne prenait jamais soin de ses affaires !

Et nous rions ensemble de cette négligence qui m'a pourtant si souvent mise en colère contre mon mari. Le genre de détail qui le rendait parfois insupportable à mes yeux ! Nous rions tellement que j'oublie avoir affaire à un journaliste. Et quand il me propose de me rencontrer, j'accepte sans réfléchir !

En raccrochant, je me dis que je viens peut-être de faire la bêtise de ma vie, mais comme dit le dicton : « Femme qui rit est à moitié séduite. » Il est vraiment très fort ce jeune homme, très fort ! Il se nomme Stéphane Munka. Comme le rendez-vous est pris et que je n'ai qu'une parole, j'irai. C'est tout ! Mais je ne dirai rien.

Le lendemain, dimanche, je me réveille tard. Ces derniers jours ont été si éprouvants que je suis éreintée. Le téléphone sonne. C'est le jeune journaliste. Il est déjà sur place et commençait à s'inquiéter. Mon Dieu ! je l'avais oublié... Je suis terriblement confuse. Il me tranquillise :

— Vous avez vécu des choses plutôt dures ces derniers jours, c'est un peu normal !

Oui, mais j'ai un peu honte qu'on me prenne une fois encore en faute ! Je me dépêche. Durant tout le trajet, les chiennes gémissent d'impatience ! Énervant au possible, cette « musique » plaintive !

Je me gare. L'équipe a déjà quitté son véhicule. Ils sont élancés et bien de leur personne. Perfidement, je me dis qu'ils ont dû envoyer les plus présentables, histoire de m'amadouer. À peine ai-je ouvert ma portière que déjà les petites chiennes se précipitent en jappant. Elles sont totalement incontrôlables ! Je devrais les reprendre en main, mais ces derniers temps... je n'ai vraiment plus rien en main !

Nous faisons les présentations. Précédés des deux chiennes, Stéphane et moi nous dirigeons vers les bois. Il me demande :

— Comment avez-vous vécu ces derniers jours ? Mal, je suppose ?

— Oui, avec toute cette agitation… Vous savez, je ne suis pas habituée à ça. Comment dire… C'est quand même effrayant !

— J'avais envie de vous rencontrer, pour vous connaître un peu mieux. Dans cette affaire, il y a certes les protagonistes principaux, mais il y a également les proches.

Cela me touche, mais je n'ai vraiment aucune envie de lui parler de moi. Il est journaliste et je sais que je dois me méfier de lui.

— Mais parlez-moi un peu de vous. Quelle sorte de personne êtes-vous ?

— Oh, moi…

Comment lui dire ? Qu'il est difficile de parler de soi à un étranger – qui plus est, un journaliste ! Comment parler de son enfance comme ça ? Comment décrire en deux mots ce qu'on est ? Et d'ailleurs, est-ce que je sais seulement qui je suis ? La seule chose que je puisse affirmer, c'est que je suis née le 24 avril 1956 à Strasbourg – mais par accident, puisque ma famille est originaire du Florival, de Soultz exactement, et que c'est entre Mulhouse et Soultz que j'ai grandi.

En apparence, j'ai vécu une enfance heureuse. Mon père était médecin. C'était un homme bon et courageux, qui avait commencé ses études à vingt-trois ans, juste après la guerre. Comme nombre d'Alsaciens, il avait été un « malgré nous ». Gravement blessé, il n'a pu revenir à Strasbourg qu'en 1946, après avoir traversé sur des béquilles l'Allemagne dévastée. Il a survécu, mais il en a toujours gardé des séquelles physiques et mentales.

Ma mère était fille de notaire. Son père, par ailleurs commandant en chef des pompiers de réserve, avait été vice-président du conseil régional et maire de sa commune. Ancien résistant, il avait même reçu la Légion d'honneur, une distinction dont il était très fier. Mes grands-parents étaient des gens aisés, des notables de province. Mais ils vivaient simplement et se montraient très bons et généreux.

Matériellement, ma mère n'a jamais manqué de rien, même si, durant la guerre, elle aussi a vécu dans la peur d'une arrestation imminente, comme tant d'autres. Ces années d'angoisse ont marqué mes parents et mes grands-parents. Nous présentions donc toutes les apparences du bonheur et de l'opulence, mais sur nos petites épaules pesait comme une chape.

Étant donné nos privilèges, nous devions constamment nous montrer les meilleurs. Les échecs n'étaient pas tolérés. Nous devions être forts et toujours chercher à nous dépasser. Nous devions rester dignes et courageux en toute circonstance, aucun signe de faiblesse n'était permis.

Nous vivions à Mulhouse où mes parents étaient bien connus. Mon père, notamment, qui à son travail accaparant ajoutait les fonctions de conseiller municipal de Mulhouse et de membre du Rotary Club. Lorsque nous sortions faire des courses, nous ne manquions jamais de croiser l'une de ses connaissances. Nous n'étions pas des anonymes, ce qui nous contraignait à toujours nous conduire de façon irréprochable.

Insurgée contre l'autorité, en révolte permanente, je ne supportais aucune de ces exigences. J'aurais voulu bien faire, mais sans y parvenir, du moins aux yeux de ma mère. J'étais le vilain petit canard de la famille, méchante avec mes jeunes frères et sœurs, ce que je regrette aujourd'hui ; mais je les aimais comme j'étais aimée, d'un amour dur, inflexible et intransigeant.

En classe, mes notes n'étaient pas excellentes, acceptables dans certaines matières, médiocres dans d'autres, ce qui m'assurait toujours la moyenne. Pour mes parents, c'était insuffisant. Ils ne cessaient d'ailleurs de me le répéter. Je n'en faisais jamais assez. J'aurais tant voulu entendre ma mère me dire qu'elle m'aimait, qu'une fois au moins elle soit fière de moi, mais j'étais pour elle une source constante de déception et j'en souffrais beaucoup. J'ai compris bien plus tard qu'elle était tout aussi exigeante à l'égard de mon père, de mes frères et de mes sœurs. Nous ne pouvions jamais parler, nous expliquer ni nous défendre. Nous devions nous taire. Et puisque cela m'était impossible, je recevais des coups, des coups pour rien, qui me rendaient encore plus irascible.

Insupportable, hyperactive, j'étais sans cesse occupée à mille choses, toujours à me passionner pour tout. Casse-cou, j'aimais me dépasser et braver le danger, prendre des risques. J'adorais me rendre chez mes grands-parents maternels, à Soultz, qui riaient de nous voir si remuants. Chez eux, je pouvais courir, faire tout ce que je voulais. Quel bonheur ! Comme par hasard, nous ne nous disputions jamais dans leur jardin, sous leur surveillance bienveillante ; la liberté nous convenait très bien.

Grand-papa mourut fin octobre 1968, quelques jours après ses quatre-vingts ans. Ce fut la fin des jours heureux, la fin de l'insouciance. Le patriarche disparu, la famille était perdue. J'avais douze ans. J'ai eu si mal.

Papa se trouvait à l'hôpital. Très malade, il venait de subir une nouvelle opération. La souffrance rendait agressif cet homme si doux. Il s'emportait contre ses proches, de crainte qu'ils ne puissent faire fasse aux responsabilités qui leur incomberaient. Qu'aurions-nous fait sans lui ? Il était le seul à travailler. S'il venait à disparaître, que deviendrions-nous ? Nous étions six enfants et une petite sœur allait naître par la suite. J'avais seize ans lorsqu'elle vint au monde, et cette naissance tardive ne fit qu'aviver l'angoisse de mon père, anxieux de ne pouvoir vivre assez longtemps pour s'occuper de cette adorable petite !

Ma mère ne faisait rien pour apaiser ses inquiétudes ; bien au contraire, elle ne cessait de se plaindre. Rien n'allait jamais comme elle le voulait. Cette femme s'ennuyait. Elle avait de grandes qualités : travailleuse, courageuse, voire imaginative. Mais elle ne savait pas profiter des bons moments, redoutant qu'ils ne soient éphémères. Elle était malheureuse de trop de bonheur, de sa vie trop facile. Elle adorait par-dessus tout recevoir et être reçue. J'étais censée l'aider en jouant les soubrettes. Je n'avais le droit de monter me coucher que lorsque j'avais fini mon travail en cuisine et servi le café au salon. Gare à moi si, pour une raison ou une autre, je n'avais pas laissé la cuisine impeccable !

Malgré les notes, j'adorais l'école. J'aimais l'histoire et la géographie, l'éducation physique et surtout le français. Je notais les références des textes étudiés en classe et demandais à maman de m'acheter les livres dont m'avaient plu les extraits lus en classe. Comme c'était « pour l'école », elle ne pouvait me le refuser. Lire était mon plaisir. Chez nous, il y avait des livres partout. Aucun ne nous était interdit, nous nous régalions. J'adorais écrire, notamment des poèmes que je cachais où je pouvais. Ma mère avait pour habitude de fouiller nos affaires : si elle les découvrait, elle se moquerait de moi et me dirait de travailler au lieu de perdre mon temps et de me prendre pour Victor Hugo, son poète préféré. Je n'osais lui dire que j'en préférais d'autres.

Mon grand bonheur était de présenter mes rédactions à mon professeur de français. Souvent, elle me les faisait lire devant toute la classe : un bonheur mêlé d'un peu de gêne ! Enfin on reconnaissait que je savais faire autre chose que des bêtises.

J'appréciais et respectais mes professeurs, mais la plupart de mes camarades me jalousaient, à cause de la situation sociale de mes parents. Certaines, même, me détestaient. Moi qui aurais tant aimé être comme elles ! Leur pire insulte : « Oh, toi, tu peux. Le père de mademoiselle est riche ! » Si j'étrennais des vêtements neufs, je voyais leurs regards envieux et tout le plaisir était gâché. Je me suis mise à détester les signes extérieurs de richesse, qui attisent la convoitise plus que l'admiration ; or la convoitise est douloureuse pour tous. Je préférais qu'on m'aime pour ce que j'étais réellement, non pour toutes ces choses que je montrais et dont je ne me sentais pas méritante. À la maison, mon père n'avait de cesse de répéter que la médecine n'est pas héréditaire et qu'il ne faut se glorifier de rien. Il faut d'abord faire ses preuves. Si nous nous montrions trop fières, prétentieuses ou lâches, il se mettait en colère.

Mon père était un homme plutôt gai et joyeux, tandis que ma mère était taciturne. Lorsque papa riait avec nous, elle le remettait vite à sa place : « Arrête. Ces enfants vont tout à l'heure à l'école. Ils doivent rester concentrés sur leurs études. » Elle ne souhaitait en fait qu'une chose : que nous réussissions nos études. Rien n'avait plus d'importance à ses yeux. Nous n'avions qu'un devoir : être meilleurs que les autres. L'échec n'était pas envisageable : la honte en aurait rejailli sur l'ensemble de la famille.

Pour contrecarrer cette pression, je me réfugiais dans mes rêves. Mais je fuyais aussi pour de bon. Auprès de mes amies, je me sentais enfin tranquille. Le soir, en rentrant, je savais que j'allais me faire gronder, ce qui ne manquait jamais d'arriver. Je supportais toujours plus difficilement l'angoisse de mes parents, leurs peurs, leurs traumatismes. Par ricochet, cela me rendait à mon tour extrêmement nerveuse, anxieuse… et perturbée, il faut bien le reconnaître.

Le journaliste me regarde, interrogateur. Il attend que je parle. Je lui souris, gênée. Que lui dire ? Je n'aime pas évoquer mon passé, j'aurais seulement voulu qu'on m'aime telle que j'étais et qu'on me laisse vivre sans cette pression constante, ces exigences démesurées. Mais peut-on parler de telles choses avec un étranger ?

— Oh, vous savez, lui dis-je, je suis quelqu'un de tout à fait normal, qui supporte très mal ce qui nous arrive. J'ai vraiment le sentiment de tomber très bas. Et j'ai honte.

Loin de se montrer méprisant ou ironique, le jeune homme attend que je lui en dise davantage. Mais comment lui expliquer que j'ai eu tant de mal à accepter mes échecs, moi qui, en apparence, avais tout pour réussir ? Comment dire ce sentiment de culpabilité ? Comment parler de ce désespoir qui m'a conduite à me détester moi-même ? Comment lui parler de ces multiples failles, de ces chagrins de l'enfance, de ces peurs incontrôlées ? Difficile, en deux mots, de brosser un autoportrait à la fois juste et objectif ! Tant de souvenirs qui s'entremêlent, de moments de vie qui me reviennent comme des flashs… Et puis le moment me semble mal choisi. Je me sens si mal !

Le journaliste marche patiemment à mes côtés. Brusquement, je lui dis :

— Pour moi, cette histoire est vraiment horrible !

J'en ai trop dit. Je n'ai plus qu'à me lancer :

— Vous savez, si je me suis sentie aussi mal quand les policiers sont venus, c'est parce que ma vie est une sorte de cercle vicieux ! J'ai beau faire tous les efforts pour être quelqu'un de bien, je retombe à chaque fois…

Il me regarde, interrogateur. J'enchaîne :

— J'ai déjà vécu un truc pareil par le passé !

À la fin de mon adolescence, j'étais une personne « cassée ». J'avais lamentablement raté mon baccalauréat et je m'en voulais énormément. Mes parents étaient désespérés. Qu'allais-je devenir ? Ma mère prit énergiquement les choses en main et m'inscrivit dans une école d'ingénieurs, en Suisse. Pour passer le concours d'entrée, je devais d'abord effectuer un stage d'un an en usine. Ce que je fis, moyennant quoi je réussis facilement le concours.

Ma mère ne souhaitant pas que je me retrouve en foyer d'étudiants, nous dûmes louer une petite chambre de bonne en banlieue de Lausanne. Je me rendais à l'école chaque jour, bien décidée à réussir. C'était très dur. J'avais quarante heures de cours par semaine et un important travail personnel à fournir en vue de contrôles continus. Les cours étaient essentiellement dispensés en allemand, ce qui me contraignait à une grande concentration. Le soir, j'étais épuisée. Seule fille de la classe, j'étais regardée comme une incongruité. Mes camarades de cours me considéraient avec mépris et je n'eus quasiment aucun copain. Mais j'avais espoir que cela ne durerait pas longtemps, pourvu que je travaille avec acharnement.

Vinrent les vacances de Noël. Il faisait nuit lorsque je rentrai à Lausanne pour reprendre les cours. Je commençai par faire quelques courses. En sortant du supermarché, sur le passage clouté, je fus renversée par une voiture. Je me retrouvai allongée sur le sol mouillé, entourée de passants qui me questionnaient :

— Qui peut-on prévenir ?

Personne, personne ! J'étais seule et n'avais personne à prévenir ! Ce sentiment horrible me fit prendre conscience de ma solitude. Aujourd'hui encore, j'ai gardé des séquelles physiques de cet accident, mais je souffris bien davantage du sentiment de solitude qui m'étreignit alors. Je fis une dépression, sans bien savoir de quoi il retournait, m'efforçant de continuer à vivre comme je l'avais toujours fait.

Un jour, j'appris par une connaissance qu'un jeune détenu cherchait une correspondante. Il s'appelait Hervé. Je me mis à lui écrire. Je me sentais moins seule et me rendre utile me faisait du bien. J'existais dans le cœur d'un autre. Peu à peu, il se mit à compter pour moi. Si bien qu'un jour je décidai de lui rendre visite.

Je me rendis donc à Loos-lez-Lille pour faire la connaissance de mon correspondant. Nous discutâmes une heure et demie dans un parloir double, puis je repartis de nuit. Un véritable périple ! Hervé m'avait parlé de son triste parcours. Il était absolument décidé à s'en sortir pour mener une vie normale. Sur ce point-là, je l'admirais. Il faisait beaucoup de sport, avait réussi un examen et entamait des cours afin de devenir électricien. Doux de caractère, il reconnaissait ses erreurs sans complaisance et avec simplicité, sans se plaindre de son sort.

Lorsque je le quittai, Hervé me prit dans ses bras et m'embrassa. Cela me surprit, mais je le laissai faire. Je n'avais pas du tout prévu cet épisode ! J'y réfléchis durant tout le voyage de retour. Que faire ? J'avais de la sympathie pour lui, mais je n'étais pas amoureuse. Je l'avais été par le passé, mais j'avais toujours eu peur de souffrir d'une rupture. Depuis, je me protégeais de tout échec potentiel. Imaginer un seul instant que celui que l'on aime ne sort avec vous que pour passer le temps, courir le risque permanent d'être plaquée, cela m'était trop douloureux. J'avais donc fréquenté des garçons qui m'étaient plus ou moins indifférents, sans oser m'aventurer plus loin. Et lorsque venait la séparation, c'est surtout l'amour-propre qui me faisait pleurer. Je me disais que cela valait mieux ainsi.

De retour dans ma petite chambre, j'écrivis à Hervé que j'avais été surprise, mais non fâchée. Je ne voulais pas le blesser. Puis la vie reprit son cours normal. J'avais bon moral, je vivais pour quelqu'un et j'étais utile. Sans m'en rendre compte, je tombais amoureuse de ce garçon. Hervé devint unique au monde pour moi, comme je devins unique au monde pour lui. Les mois passèrent ainsi, partagés entre ma sage vie d'étudiante solitaire et les parloirs.

Son diplôme d'électricien en poche, Hervé demanda à rejoindre la centrale de Melun. Nous nous rapprochions ainsi l'un de l'autre. De mon côté, j'achevai mes études sur un échec, mais trouvai une place de secrétaire commerciale à Paris, dans une grande société de cartonnage et d'impression. Ayant repéré un logement à Melun, je m'y installai en juillet 1981. Le 4 décembre suivant, Hervé sortit de prison et s'installa chez moi. Au bout d'une semaine, il travaillait déjà. À la maison, il se montrait tout à fait charmant, m'aidait dans toutes les tâches ménagères. Agréable et drôle, il était facile à vivre. Nous avons déménagé pour un appartement plus spacieux où nous avons vécu heureux quelque temps. Ensuite…

Ensuite, que s'est-il donc passé ? Il s'est mis à fréquenter ses anciens amis et à changer progressivement. Ce fut bientôt l'engrenage. Il disparaissait des jours entiers sans donner signe de vie. Folle d'inquiétude, j'explosais de colère, mais il restait de marbre. Son caractère et sa façon de s'exprimer changèrent, il devint taciturne. J'avais le sentiment qu'il ne rentrait plus que pour dormir. Désappointée, je pris peu à peu mes distances.

Au cours de l'été 1983, Hervé me laissa seule plusieurs mois. Tout à fait par hasard, je fis alors la connaissance d'un jeune homme avec lequel je partageais bien plus de choses. Sa présence était une joie, j'espérais que cela puisse durer toujours. J'en vins à oublier Hervé et à souhaiter qu'il ne revienne plus. Il revint pourtant, à l'automne, plus étrange que jamais. Il se sentait mal et ne voulait pas entendre parler de séparation. Il se mit à me traîner partout avec lui. Naguère si sportif, il refusait d'aller se promener et restait prostré jour et nuit devant la télévision. Quand j'essayais de lui parler, il ne me répondait même plus. Il avait perdu toute joie de vivre et était devenu l'ombre de lui-même.

Et puis je suis tombée enceinte. Hervé en fut d'abord heureux, avant de replonger plus profondément dans sa léthargie. C'est bien en vain que je tentai de le secouer. Nous allions avoir un enfant et je souffrais de crises d'angoisse.

En janvier 1984, alors que nous avions passé la nuit chez sa sœur et que nous nous apprêtions à rentrer à Melun, trois inspecteurs nous attendaient au bas de l'escalier. Ils nous emmenèrent sans violence. Quai des Orfèvres, j'appris le motif de notre arrestation. Je tombais des nues, mais, étrangement, n'avais aucun ressentiment envers Hervé.

Après avoir passé la journée et une partie de la nuit en interrogatoire, je fus placée au dépôt pour dormir. Libérée le lendemain soir, je rentrai aussitôt pour retrouver l'appartement dans un désordre indescriptible. Après avoir pleuré, j'entrepris de tout ranger et de reprendre le dessus. J'avais décidé de me battre.

Ma fille Anaïs vit le jour le 20 juillet 1984. Son premier regard me bouleversa. Dans l'instant, je réalisai qu'il me faudrait l'élever seule. Ma vie ne m'appartenait plus tout à fait. J'avais des responsabilités et devais coûte que coûte les assumer.

Ma situation financière était difficile. Percevant des allocations, je cherchais désespérément du travail et n'en trouvais pas, ou bien des travaux ponctuels tels que la distribution de prospectus, des ménages de nuit dans des entreprises ou du porte-à-porte. Mes revenus restaient insuffisants, je m'enfonçais dans la misère.

Cependant, je mis un point d'honneur à ce que ma fille ne manque de rien. Ma mère voulait que je retourne vivre chez elle. Croyant pouvoir me débrouiller seule, je commençai par refuser. Mais dès l'hiver, épuisée, je me résolus à revenir chez mes parents. Ma fille serait au chaud et aurait à manger. De mon côté, je me résignai à redevenir le « vilain petit canard ».

Ma mère se prit d'affection pour Anaïs. Elle la gâtait énormément. Quant à moi, en quête de travail, j'écoutais muettement ses réflexions désobligeantes. Au bout d'un moment, je pris la décision de reprendre mes études. Maman me trouva un appartement, à cinq minutes à pied, et voulut bien garder Anaïs quand je travaillais – je lui en reste redevable.

Un jour, je fis le voyage pour retrouver le père de ma fille. Hervé m'avoua qu'il m'avait trompée. Je lui répondis qu'il venait de me voir pour la dernière fois. Ma vie était suffisamment difficile. Mon unique objectif était l'éducation et le bien-être de ma fille.

Après avoir réussi l'examen spécial d'entrée à l'université, je décidai de prendre des cours du soir en comptabilité. Je retrouvai aussitôt du travail. C'est alors que je fis la connaissance de Jean-Pierre, au sein même de l'entreprise qui m'avait recrutée…

4

J'en ai terminé de mes confidences au journaliste. Une petite voix intérieure me dit que j'aurais mieux fait de me taire, mais je me sens soulagée. Il y a si longtemps que je gardais tout cela sur le cœur ! Durant quelques minutes encore, nous nous promenons côte à côte, en silence cette fois. Puis nous rebroussons chemin, et c'est à son tour de prendre la parole :

— Marie-Pascale, je sais que vous avez fait une croix sur votre passé et que vous êtes une femme honnête. Mais j'ai l'impression que vous ne prenez pas entièrement la mesure de l'affaire dans laquelle votre mari est impliqué. Voilà trois semaines maintenant que l'on cherche les deux jeunes femmes qui ont disparu. Géraldine est la fille de Roland Giraud, un acteur que vous devez connaître. *Trois hommes et un couffin*, ça vous dit quelque chose ?

— Trois hommes et un quoi ?

— Roland Giraud était très proche de sa fille. Il a déjà remué ciel et terre pour la retrouver, mais en vain. Aujourd'hui, il s'est persuadé qu'elle est morte ou séquestrée quelque part, tout comme son amie. Sans quoi, elle lui aurait donné signe de vie ! Pas un jour ne passait sans qu'elle l'appelle.

Stéphane observe un silence, avant d'ajouter comme à regret :

— Pensez-vous que votre mari aurait pu lui faire du mal ?

— Mais non !

La réponse a fusé, irréfléchie. Sur l'instant, je ne la regrette pas. À ce moment-là, je suis encore persuadée de l'innocence de mon mari. Jean-Pierre est plutôt discret et effacé, c'est vrai. Par le passé, il s'est mal comporté avec moi. Dans un accès de colère, il lui est arrivé de me frapper. Et puis, bien sûr, il m'a trompée, et cela m'a été terriblement douloureux – à tel point que j'ai fini par exiger qu'il quitte le domicile conjugal. Avec ses mauvaises fréquentations, tout est possible. Côtoyer des flambeurs réclame de gros moyens qu'il n'a absolument pas. Mais de là à enlever et séquestrer quelqu'un, il y a un abîme !

— Les Giraud possèdent une maison à trente kilomètres de celle où votre mari vivait après votre séparation, ajoute Stéphane. Il a pu la croiser.

— Et alors ? Même s'il la connaît, ça ne signifie pas qu'il l'a enlevée !

À ces mots, Stéphane me regarde curieusement, la tête légèrement inclinée. Dans ses yeux, je lis une infinie douceur, presque féminine. J'ajoute d'une voix ferme :

— Tout ça n'est qu'un malentendu. Ces deux jeunes femmes vont finir par réapparaître.

— Je l'espère également, me dit-il.

Une sonnerie retentit. Celle du portable de Stéphane. C'est le photographe, qui nous attend toujours dans la voiture et commence à s'inquiéter de ne pas nous voir revenir. Du coup, Stéphane presse le pas, soudain impatient. Il insiste pour me prendre en photo, promet qu'on ne me reconnaîtra pas. Quoique réticente, je me prête au jeu de bonne grâce, convaincue que l'article ne paraîtra jamais.

Quand elles auront constaté le battage suscité par leur disparition, les jeunes disparues vont réapparaître et tout rentrera dans l'ordre !

Les photos faites, il me faut rentrer. Afin de nous tenir au courant, nous échangeons nos coordonnées. Debout, ils me regardent partir. Un petit signe de la main :

— Au revoir ! Prenez bien soin de vous…

Les larmes aux yeux, j'ajoute :

— Prenez bien soin de ceux qui vous aiment !

À peine ai-je stationné devant mon garage qu'un homme surgit à grands pas et frappe à la vitre, avant de tenter d'ouvrir ma portière. Les chiennes aboient comme des folles. Je me retrouve coincée dans ma voiture à cause de ce type ! Exaspérée, je lui fais signe de se pousser et saisis fermement les laisses pour éviter que les chiennes ne se sauvent.

— Je peux vous aider ? me dit-il.

— Oui, en me laissant tranquille, merci !

C'est un journaliste, encore un, et pas n'importe lequel : le grand reporter de TF1 qui m'a appelée vendredi soir. Derrière lui, un cadreur portant une énorme caméra à l'épaule et un preneur de son qui brandit une grosse perche.

Je passe le coin de ma maison, il me suit en courant :

— Madame, on peut dire que vous connaissez bien votre mari…

Je réponds sans m'arrêter :

— Au bout de quinze ans, ce serait malheureux, quand même !

— Vous aviez raison, le sang retrouvé sur la dague de votre mari est bien du sang animal. Vous ne voulez vraiment pas faire une déclaration ?

Une déclaration ? Non, je ne veux pas. Tout ce que je désire, c'est rentrer chez moi et y rester le plus longtemps possible. Les yeux fermés, les oreilles bouchées, la porte solidement cadenassée. Ne plus rien voir, ne plus rien entendre, ne plus être disponible pour quiconque. Et surtout, surtout, ne plus penser !

Mais le reporter de TF1 insiste. Comme je refuse toujours, il le prend de haut. Visiblement, je ne suis qu'une « pas grand-chose » et il me le fait bien comprendre. À quelques mètres de nous, les enfants des voisins jouent dehors, comme d'habitude. À présent, ils nous observent. Leurs regards intrigués pèsent sur moi, qui déteste le scandale.

— Madame Treiber ! Madame Treiber ! braille-t-il. Dites-nous quelque chose ! À votre avis, votre mari est-il innocent ? Vous qui le connaissez bien, qu'en pensez-vous ?

Je m'aperçois alors avec inquiétude que la voiture de ma fille ne se trouve plus sur le parking, devant la maison. Il est midi et il n'était pas prévu qu'elle sorte.

Sans lui prêter plus d'attention, je sors mon téléphone portable et compose le numéro d'Anaïs.

— Allô, maman ?

Soulagement. Elle a décroché, mais sa voix semble bouleversée.

— Maman, Pauline et moi, on s'est enfuies. Les journalistes de TF1 ont sonné au moins dix fois à la porte, ils ont même tapé au carreau pour qu'on leur ouvre.

Un silence. Doucement, calmement, je rassure Anaïs et lui dis qu'elles peuvent rentrer, elle et sa sœur, que personne ne leur fera de mal.

J'ai à peine raccroché que le reporter de TF1 me lance, goguenard :

— Alors, ça vous ferait quoi de perdre vos filles ? Réalisez-vous enfin ce qu'un père peut ressentir ?

En quelque sorte, il me fait la morale. Moi, la femme de Jean-Pierre Treiber, suspecté d'être compromis dans une affaire de disparition, je devrais avoir honte. Mais de quoi au juste ? Qu'ai-je fait ? En quoi suis-je responsable ? Et devant qui ? Toutes ces questions, je devrais les lui poser. Mais j'en suis incapable. Des larmes dans la voix, je bredouille :

— Monsieur, vous avez des méthodes de voyou. Laissez-nous tranquilles, mes filles et moi. D'accord ?

— Au fait, rétorque-t-il, un large sourire aux lèvres, elle boite, votre fille aînée. Qu'est-ce qu'elle a ? Elle s'est cassé la jambe au ski ?

Cette fois, la colère me submerge. Je me plante face à lui et lui lance :

— Oui, au ski, sur un lit d'hôpital suite à un cancer. Vous voyez, nous avons tous nos malheurs. Êtes-vous satisfait maintenant ? Laissez-nous en paix, s'il vous plaît.

— C'est un peu trop facile ! Vous devriez parler !

15 heures. Des coups à ma porte. C'est de nouveau le reporter de TF1. Le laisser tambouriner ? Il risque d'ameuter les voisins ! De guerre lasse, j'entrouvre. Surprise. Si agressif tout à l'heure, il a perdu de sa superbe. Il fait profil bas, supplie :

— Madame Treiber, il faut absolument que vous me disiez un mot. Mon rédacteur en chef y tient. Je vous en prie, laissez-nous vous filmer.

— Mais puisque je vous dis que je ne sais rien !

— Eh bien, voilà ! Dites simplement que vous ne savez rien devant la caméra ! Ensuite, on vous laissera tranquille. C'est promis !

— Je ne vous dirai rien du tout. Je ne veux pas être filmée. Maintenant, s'il vous plaît, partez ! Laissez-moi tranquille ! J'ai le droit au respect de ma vie privée, tout de même !

— Mais madame, tout le monde doit en passer par-là et faire des déclarations.

— Si je dois faire des déclarations, c'est à la police, pas à vous !

Il tourne enfin les talons. A-t-il compris ? Quant à moi, je sors épuisée de cette nouvelle confrontation. Comment, en si peu de temps, ma vie a-t-elle pu ainsi basculer ? Et Jean-Pierre, dans sa prison, comment se sent-il ? Lui aussi doit être affolé. À cet instant, malgré tous mes griefs, j'éprouve presque de la peine pour lui. Spontanément, je décide de lui adresser une lettre. Il a tout de même été mon mari pendant quinze ans. Envers et contre tout, je l'ai aimé comme j'ai pu. Mal, sans doute, puisqu'il m'a abandonnée. Mais peut-être existe-t-il encore un lien entre nous ? Je dois lui laisser une chance, la dernière, de se rapprocher de moi…

20 heures. Anaïs, Pauline et moi sommes réunies autour d'un dîner frugal. Toutes deux ont peur de ce qui les attend demain. Que vont leur dire leurs camarades de classe, leurs professeurs ? Comment vont-elles répondre à leurs questions ? Je tente de les rassurer, de leur expliquer qu'elles n'ont aucune crainte à avoir. Elles ne sont ni coupables ni responsables de ce que Jean-Pierre a pu faire. Elles peuvent garder la tête haute. Mais face à leurs regards remplis de larmes, mes arguments sonnent faux. Est-ce que je crois moi-même à ce que je raconte ? Ne suis-je pas plutôt en train d'habiller de mots ma propre angoisse, comme on applique un cataplasme sur une blessure ? Quoi qu'il en soit, nous n'avons pas le choix. Il va nous falloir faire face.

28 novembre, 8 h 10. Je suis à l'heure au bureau, comme d'habitude. Avant de pousser la porte, mon cœur bat la chamade. Je respire un bon coup pour me donner du courage.

Mes collègues lèvent vers moi des yeux mi-interrogateurs, mi-suspicieux. Toutes savent, c'est sûr, que mon mari est en prison. Mais ce n'est pas le pire.

— Marie-Pascale, finit par lancer l'une d'elles, on t'a vue à la télé, hier soir.

— À la télé ?

Je suis stupéfaite. Comment aurait-on pu me voir à la télé, alors que j'ai fermement refusé d'être filmée ?

— C'était bien toi, poursuit ma collègue. On t'a reconnue, même s'ils t'avaient flouté le visage…

Je comprends alors que je me suis fait piéger. Tandis que je répondais au reporter de TF1, son cadreur filmait, l'air de rien. Ce manque de respect me met en rage. Mais que faire ? Comment réagir ? Dois-je aller consulter un avocat, engager une procédure ? Mon trouble redouble quand ma chef de service me convoque dans son bureau au sujet, elle aussi, de ces images volées.

— Alors comme ça, vous jouez les stars ? Ça vous plaît ? Vous devriez pourtant savoir que l'on n'apprécie pas du tout ça, ici !

Je tente de lui expliquer la situation en bafouillant, mais elle me répond froidement :

— Ça va pour cette fois, mais méfiez-vous, nous n'apprécions pas ce genre de publicité. Évitez ça à l'avenir !

Va-t-il falloir que nous restions cloîtrées chez nous, volets fermés, sans plus oser sortir, comme si nous avions des choses à cacher ? Amère, je termine ma journée de travail sans avoir prononcé un seul mot. Décidément, tout va de mal en pis. Et ce n'est pas terminé, loin s'en faut ! Sitôt de retour à la maison, je trouve Anaïs en larmes. Elle a eu droit aux réflexions acides de certains camarades qui m'ont vue à la télé. Elle a peur que son amoureux la quitte. Elle se sent salie. Elle a honte.

Pour Pauline, les choses se sont mieux passées. Comme elle se sentait mal, elle est allée trouver l'infirmière. Une cellule de soutien s'est mise en place autour d'elle, à commencer par ses proches camarades. Ils sont formidables, ces gamins ! Malgré tout, elle souffre de cette situation.

Comment répondre à leurs regards suppliants, à leurs reproches, à leur colère ? Je me sens totalement impuissante, dépassée. Bien sûr, je pourrais porter plainte, mais l'avocat consulté m'en dissuade fortement. Les journalistes invoqueront le droit à l'information, expliqueront qu'ils ont masqué mon visage. Je perdrais mon procès.

Autre solution : déménager. Mais je ne peux m'y résoudre. Nous ne sommes installées ici que depuis huit mois. Et il nous faudrait refaire nos valises, encore et toujours ? N'avons-nous pas droit à un peu de répit ? Déménager, cela revient cher, et je suis lasse de l'instabilité. Cette maison me plaît, je veux y rester !

Retour en arrière, à ce mois de décembre 1989, en Alsace, où Jean-Pierre et moi louons une de ces typiques fermettes à colombages, comme on en trouve tant dans le Sundgau. L'ancienne étable a été aménagée en salle de séjour : une pièce immense au sol dallé de gypse noir, sans isolation, coupée de deux marches par le milieu. Un escalier de quatre marches permet l'accès à la fermette elle-même. Le corps de maison comprend une grande chambre que chauffe une cheminée rudimentaire, une petite entrée, une minuscule cuisine tout en longueur et une salle de bains au chauffe-eau en mauvais état. À l'étage, une chambre d'enfant éclairée d'une minuscule lucarne, à laquelle on ne peut accéder que par une échelle meunière et une trappe. L'ensemble est vétuste, mal isolé et d'une saleté repoussante.

Mais Jean-Pierre tient absolument à y emménager, jurant qu'avec des travaux il en fera un endroit agréable…

Sitôt le bail signé, il se met à l'ouvrage. Pour commencer, il abat les arbres dont les branches pèsent sur le toit. Ensuite, il entreprend de repeindre la chambre des filles. À ma grande surprise, il refuse de réparer les grosses fissures de certains murs. Comme je m'en étonne, il s'emporte. Les choses resteront donc en l'état et la glycine finira par entrer dans la maison. Sa paresse m'agace, mais à cette époque, je suis encore très attachée à lui.

Comme le loyer est excessif, nous trouvons un arrangement avec le propriétaire. Nous ne paierons que la moitié et, pour le reste, Jean-Pierre s'engage à effectuer des travaux de jardinage. Au printemps, je suis ravie d'emménager avec mes deux petites filles. Ma joie sera de courte durée. Deux mois plus tard, Jean-Pierre décrète que notre demi-loyer reste prohibitif et refuse désormais de tenir son engagement : il n'ira plus tondre la pelouse chez le propriétaire ni s'acquitter d'aucun travail. Je m'affole. Je déteste me retrouver en porte-à-faux vis-à-vis d'autrui et ne pas respecter mes engagements. Autre souci : je vis dans la terreur de voir débarquer les huissiers. Une sorte d'amusement pour Jean-Pierre, qui continue, comme si de rien n'était, à aménager cette maison qui ne lui appartient pas ! Un jour, il achète du bois pour la cheminée et l'entasse soigneusement. Un autre, il plante des tomates dans le petit pré jouxtant la pépinière. Pour le reste, il me laisse me débrouiller. Alors que je travaille à l'extérieur, je suis chargée de faire les courses et le ménage. Les repas, les enfants, tout m'incombe. Et si je me hasarde à protester, il éclate d'un grand rire :

— Vous, les femmes, vous avez voulu être nos égales. Maintenant, il faut assumer ! Et estime-toi heureuse que ma mère garde Pauline. Sinon, en plus, il faudrait que tu payes une nourrice !

La chasse. Telle était l'unique passion de Jean-Pierre à cette époque. Chaque soir, il sortait fusil à la main. Il lui fallait « sortir, vivre, respirer, se détendre », comme il disait. Depuis quelque temps déjà, il ne rentrait qu'à la nuit tombée. Il mangeait souvent à l'extérieur, rarement à la maison, et bien sûr sans me prévenir ! À moi, en son absence, de faire dîner les filles puis de ranger la maison. Une activité qui, je le reconnais, n'est pas ma tasse de thé.

Combien de fois, en rentrant, Jean-Pierre m'a-t-il reproché de n'être pas une « bonne maîtresse de maison » ? Cent fois ? Mille fois ? À ses yeux, je n'étais qu'une « paresseuse », incapable de m'occuper correctement de mon ménage, et doublée d'une piètre cuisinière ! Lorsque nous nous rendions dans ma famille, il glissait , l'air contrit, que je n'étais vraiment pas douée pour les tâches ménagères, jugement qui déclenchait les moqueries. J'étais la méchante, la mauvaise, comme lorsque j'étais enfant. Jean-Pierre, lui, était à la fois méritant et courageux, patient et angélique. Intéressant, aussi, quand il parlait de chasse avec mon père, qui l'appréciait d'autant plus qu'il connaissait les noms de presque tous les végétaux en langage vulgaire comme en latin, et qu'il en savait les propriétés. Bref, tout le monde ou presque chantait ses louanges. Comment, se demandait-on, pouvait-il me supporter ? Dans ce concert unanime, je finissais moi-même par m'interroger !

Alors, je prenais de bonnes résolutions. Désormais, j'allais devenir une vraie femme d'intérieur, mieux nettoyer la maison du sol au plafond, préparer des petits plats et, surtout, surtout, ne jamais contrarier mon mari en me montrant trop franche. Ainsi, il redeviendrait l'homme que j'avais rencontré : doux, tendre et prévenant. Hélas, j'avais beau faire, Jean-Pierre ne cessait de s'en prendre à moi. Un tyran domestique qui déversait pêle-mêle sarcasmes et moqueries, avant de plonger dans un profond mutisme. Si bien que j'évitais de parler. D'ailleurs, qu'aurais-je dit ? Tenter de me justifier ? Je savais d'expérience que c'était inutile, sauf à déclencher une de ces scènes qui me laissaient à demi épuisée. Notre mésentente me rendait si malheureuse qu'il m'arrivait de pleurer comme une enfant, sans pouvoir m'arrêter.

La nuit, parfois, je me glissais doucement hors du lit pour lui écrire de longues lettres. J'y disais toute mon amertume. Je lui confiais aussi mon espoir que tout change enfin et redevienne comme avant, du temps où il disait m'aimer. La missive terminée, je la relisais puis la déchirais, persuadée que c'était inutile. Un jour, cependant, je trouvai le courage de lui en donner une. Pour commencer, il refusa de la lire. Puis, après un temps de réflexion, il parcourut les deux feuillets, leva les yeux et me regarda avec un large sourire, avant de replier la missive et de me lancer, d'un air goguenard :

— Je la garde. Ça risque de me servir pour plus tard.

— Pourquoi, pour plus tard ?

— On ne sait jamais… Si un jour tu voulais divorcer, ça me donnerait des arguments…

Édifiée par cette réponse, je récupérai la lettre à la faveur d'un de ses moments d'inattention pour la relire avec soin. Elle ne contenait rien de particulier, n'était ni insultante ni méchante. Je me contentais de demander des explications à un mari de moins en moins soucieux de moi…

On prétend qu'un malheur n'arrive jamais seul. Proverbe qui s'est hélas vérifié. À mes difficultés conjugales se sont ajoutés des soucis professionnels. J'étais alors secrétaire pour un grand groupe dont le siège social était à Strasbourg. Chaque fois que j'établissais une facture, je devais y adresser le double, afin que le service concerné puisse établir les déclarations de TVA, ce que la comptable chargée de cette tâche avait omis de faire pendant un an, se défaussant sur moi lorsque le pot aux roses fut découvert. Plus ancienne dans l'entreprise, cette femme bénéficiait de toute la confiance de la direction. On me soupçonna aussitôt d'être l'unique fautive et je fus menacée de licenciement…

Une mère qui ne cessait de me harceler de reproches au téléphone. Un mari absent ou, s'il était là, indifférent ou hargneux. Deux petites filles et une maison dont j'avais seule la charge, une fois rentrée du travail. Et maintenant, un grave problème professionnel ! Plus rien dans ma vie ne tournait rond, je ne savais plus à quoi me raccrocher. J'avoue que j'ai pensé à en finir. Mais comment me suicider en abandonnant mes deux petites puces ? Désemparée, je quittai le travail avant l'heure pour consulter un médecin et m'effondrai en larmes.

— Allons, reprenez-vous. Pour vous aider à supporter tout ça, je vais vous prescrire un médicament. Mais surtout, défendez-vous sur le plan professionnel. À partir de maintenant, vous devez photocopier et dater tout ce que vous adressez à votre siège social. Ce serait bien le diable si la personne qui vous met en cause ne fait pas une autre erreur. La prochaine fois qu'elle vous accuse, vous n'aurez qu'à sortir vos doubles…

Moins d'une semaine plus tard, un soir, le téléphone sonne au bureau. C'est la comptable du siège qui appelle pour se plaindre qu'elle n'a reçu aucun document de ma part depuis une semaine. Le directeur me regarde d'un air furieux : oui ou non, ai-je expédié du courrier à cette collègue ?

— Mais oui, bien sûr. Le 13, le 14 ou le 15. Un envoi lui manque-t-il ? Les factures sont toutes là, en double, comme vous pouvez le constater.

L'effet fut immédiat. Magique, dirais-je même. Après avoir raccroché, le directeur me lance :

— Eh bien, vous, alors ! On peut dire que vous êtes une sacrée maligne !

5

Novembre 2004, toujours. Les jours passent, plus moroses les uns que les autres. Le matin, au réveil, les yeux me piquent. Victime d'un mauvais sommeil peuplé de cauchemars, je suis épuisée. Je rêve que je suis en compagnie de mon mari. Il me parle gentiment, s'efforce de me faire plaisir. Moi, au comble de la colère, je ne pense qu'à déverser mon ressentiment. Jean-Pierre continue à me parler avec douceur. Il me dit qu'il a du chagrin. Du coup, la mauvaise conscience me gagne. Radoucie, je suis prête à lui pardonner et à m'excuser. Alors, il se détache violemment et se met à me faire du mal, à se moquer de moi, à m'humilier. Ce rêve, toujours le même, ne change que d'angle et de lieu. Autour de nous, des amis lui donnent en permanence raison. C'est moi, la méchante. Je suis seule. Perdue. Désespérée. Alors, d'un coup, je me réveille. Trempée de sueur. Le cœur battant.

Lorsque je me regarde dans la glace de la salle de bains, j'aperçois des traînées blanches au bord de mes yeux. J'ai pleuré dans mes rêves. Cela ne m'était jamais arrivé. Cette épreuve est trop dure. Je suis à bout. Je ne peux plus le supporter. Je prie chaque jour pour que Katia et Géraldine reviennent et pour que tout rentre dans l'ordre. Sans doute ont-elles fugué après un différend familial ? Moi aussi, jadis, j'ai voulu m'enfuir. Si je ne l'ai pas fait, c'était juste par lâcheté…

*

1er décembre. Destinée à tenter de retrouver les corps de Géraldine et de Katia, une opération de police de grande envergure débute au lieu-dit Saveteux, village où Jean-Pierre Treiber a travaillé peu avant son interpellation. Une soixantaine de gendarmes mobiles de Seine-et-Marne, ainsi qu'une quinzaine d'enquêteurs de la PJ de Dijon et de Versailles, assistés d'un hélicoptère, perquisitionnent le « château », une propriété appartenant à des ressortissants suisses. Le parc est ratissé, la terre parfois retournée, mais aucune trace des deux disparues n'est retrouvée.

*

Une fois encore, c'est par les journaux que j'apprends les choses. Ces journaux que je n'ouvre plus désormais sans appréhension. L'ampleur des fouilles entreprises m'ébranle. Les policiers sont-ils vraiment persuadés qu'elles sont mortes ? Je commence à me le demander. Pourtant, malgré doutes et incertitudes, il me faut continuer à vivre, à m'occuper de mes filles, à travailler.

Il me faut aussi tenter d'oublier certains coups de fil intempestifs de mon entourage. On me demande pour quelle raison je suis allée « faire ma fière à la télé »… S'ils savaient ! On m'a mêlée contre mon gré à cette histoire sordide. Dans mon désarroi et ma solitude, je me raccroche à une seule idée : de sa prison, Jean-Pierre va m'écrire. Il va trouver les mots pour me raconter ce qui s'est réellement passé. Et aussi pour s'expliquer.

Et pourtant ! Je devrais le connaître, cet homme avec lequel je viens de passer quinze ans de ma vie. Je devrais avoir compris qu'il est presque impossible de lui demander de l'aide et du soutien. Je devrais avoir toujours présents à la mémoire les instants de découragement qu'il m'a fait traverser…

Retour à ce passé qui me hante. Nous sommes en 1991. La guerre du Golfe bat son plein. Dans notre petite maison du village de Sternenberg, Jean-Pierre, qui a pris quelques jours de vacances, passe son temps à regarder la télévision. Il adore recevoir et ne s'en prive pas. Certains de ses invités sont plutôt sympathiques et hauts en couleur. Je suis heureuse d'avoir une vie sociale, mais j'aimerais que Jean-Pierre ne change ni de visage ni d'attitude dès que nos hôtes ont le dos tourné ! En présence de sa famille, il joue les fées du logis et récure la maison de fond en comble, sans oublier bien sûr de me houspiller au passage pour que tout soit absolument parfait. Lorsque ses amis sont là, il se transforme en cuisinier et fait mine de composer le menu, toujours le même. Il m'aide ensuite à le préparer, se montrant drôle et enjoué. Mais pourquoi le ton change-t-il après leur départ ? Soit je disparais de son univers pour devenir transparente, soit il me prend méchamment pour cible de ses quolibets et se met à hurler après les filles. Aux yeux de tous, il apparaît le meilleur des hôtes, un fin gourmet, un convive agréable et joyeux, tandis que je passe pour la râleuse, l'éternelle insatisfaite… Scénario rodé et immuable, sur lequel je n'ai aucune prise. J'aimerais tant qu'il soit toujours resté le garçon merveilleux qu'il a parfois su être !

Tant bien que mal, je tente de faire face à une situation qui me dépasse. Mais à force de subir le contrecoup de ce mariage malheureux, je sombre progressivement dans la dépression. De malaises en crises de larmes, de confidences maladroites en reproches, les choses se dégradent encore. Bientôt, je suis obligée d'aller quérir l'aide d'un médecin. Du Prozac ! Voilà ce qu'il me prescrit. Cet antidépresseur me permet de rester calme face à un mari de plus en plus irascible, qu'une parole anodine suffit à plonger dans de véritables crises de rage. Pressentant que les coups risquent de pleuvoir, je me demande quoi faire : attendre, plier, me faire toute petite, espérer qu'un jour les choses finiront par s'arranger ? Ou bien partir avec mes enfants et tout recommencer ?

Partir. L'idée commence à me hanter. Mais où aller ? Comment vivre ? Tout me lie à l'homme qui partage ma vie, mes jours, mes nuits. À commencer par les enfants, bien sûr. Comme pour me donner du courage, j'évoque mon projet autour de moi. J'en parle à mon médecin, d'abord, qui me déconseille formellement de quitter le domicile conjugal.

— Vous vous mettriez en tort, me dit-il. Et puis quoi ? Faites un effort ! Les choses finiront bien par s'arranger ! Vous êtes trop sensible !

Ma mère, quant à elle, prétend que je suis seule responsable de ce qui m'arrive.

— Tu ne sais pas t'y prendre, me lance-t-elle quand je tente de lui parler de mes difficultés conjugales. Tu n'es pas assez finaude, pas assez diplomate. Et si tu veux mon avis, avec ton sale caractère, je ne vois rien d'étonnant à ce que Jean-Pierre te fuie. Si tu le voulais, tu pourrais le mener par le bout du nez. Ton mari, c'est un type bien. Tu en as de la chance ! Tâche de le garder.

Ainsi passent les jours, entre disputes et désamour. Pour finir, je renonce à partir. Calmée par le Prozac, je finis tant bien que mal par m'accommoder des défauts de mon mari. Jean-Pierre m'emprunte de l'argent sans me le rendre ?

Il me brouille avec tout mon entourage et se montre de plus en plus détestable et paresseux ? Qu'importe ! J'endure toutes ses sautes d'humeur sans broncher, ou du moins je tente de retrouver ma joie de vivre auprès de mes petites filles. Toutes les deux, au moins, m'aiment et me le montrent. Chaque moment passé auprès d'elles suffit à m'émerveiller. Et si j'ai parfois bien du mal à les faire garder par leurs grand-mères respectives, cela me gêne de ne pas être « indépendante ». Impossible de s'offrir une nourrice quand il faut en plus payer la location de la chasse, qui représente la moitié de mon salaire annuel !

Un jour, en rentrant, Jean-Pierre m'annonce qu'il a rencontré des chasseurs propriétaires de teckels à poil dur. Séduit par le fait que les chiennes proviennent d'un élevage familial, il en a commandé deux ! Je ne m'en plains pas : ces deux petites, certes un peu têtues, excellentes et téméraires chiennes de chasse, mais tellement attachantes, seront si gentilles avec les enfants ! C'est ainsi que mes deux premières petites chiennes, Coquine et Chipie, arrivent dans notre foyer. Ce jour-là, oubliant sa paresse, Jean-Pierre se hâte de leur construire une niche, ainsi qu'une sorte d'enclos avec des palettes en bois. À moi de les en sortir afin qu'elles puissent aller gambader dans notre jardin dépourvu de barrière, et de les surveiller afin qu'elles ne s'échappent pas sur la route, devant la maison. Cette contrainte-là, je l'accepte volontiers. Elles sont tellement mignonnes et délurées que c'est un plaisir de les regarder jouer…

À cette époque, je suis épuisée. Le travail quotidien, les trajets, la maison, les enfants et surtout les problèmes conjugaux viennent peu à peu à bout de moi. Même sous Prozac, impossible de faire face. Il faut absolument que ma vie prenne un tour nouveau. Je décide de changer d'orientation professionnelle et de préparer une formation d'enseignante en religion dans les collèges et lycées. Compte tenu du nombre réduit d'enseignants en la matière, je trouverai facilement une affectation. Ensuite, je bénéficierai d'un horaire allégé et de toutes les vacances scolaires. L'idéal pour la mère de famille et l'épouse que je suis ! Moins fatiguée, je serai plus disponible pour chacun, et surtout plus sereine !

Lorsque je lui parle de mon projet, Jean-Pierre ne manifeste aucun enthousiasme, bien au contraire. Lui aussi, m'annonce-t-il, songe à améliorer ses conditions de vie et à quitter son poste pour créer sa propre entreprise. À ses heures perdues, il a déjà fait des chantiers « au noir », initiatives qui se sont toujours soldées par un fiasco. Mais il tente de me rassurer. Rien ne sera pareil, me dit-il. Pourquoi ne pas profiter de ses relations et de sa clientèle potentielle pour se mettre à son compte ? Au moins, son travail ne profiterait qu'à lui.

Quelques mois plus tard, il met son projet à exécution. À peine a-t-il démissionné qu'il achète un camion neuf, débauche son ami Fernand qui, d'abord prudent, se laisse toutefois convaincre, et m'annonce tout de go qu'il entend surtout se débrouiller pour ne pas payer d'impôts ! Mais quand il trouve un engagement, c'est pour un minuscule chantier de maçonnerie paysagère. Comme ce n'est pas sa spécialité, il doit demander du renfort. Face à mon inquiétude, il ne se démonte pas, bien au contraire. Tout va pour le mieux, il faut bien « démarrer » pour gagner sa vie ! Tel ne sera pas le cas. Les trois premiers mois, il perd 3 000 francs de l'époque. L'année suivante, le déficit se monte à 80 000 francs. Comme je le mets en garde, il m'accuse aussitôt d'avoir volé cet argent !

— Mais tu es fou ? Je n'ai rien volé du tout !

— Tu mens ! On n'a pas perdu 80 000 francs, mais 8 000. C'est le comptable qui me l'a dit. Alors, ce qui manque, c'est forcément toi qui l'as détourné d'une manière ou d'une autre ! Où est cet argent ?

Je suis terrorisée, choquée, anéantie. Les coups ne sont pas loin. Je marmonne :

— Mais non, je t'assure que je n'ai rien pris ! Je vais sortir les papiers ! Viens, on va tout revoir ensemble.

Mais Jean-Pierre ne veut rien voir. Pour lui, je mens. Comment peut-il s'imaginer que je le vole ? Ne voit-il pas que nous avons des intérêts communs ? C'est à la fois lamentable et ridicule. Furieux, je le vois sortir en claquant la porte. Et je reste en larmes, une fois de plus.

Le lendemain, gêné de son erreur, le comptable confirme ma version des faits. Il s'est trompé, c'est bien 80 000 francs que « monsieur » a perdu. Hors de moi, je fixe froidement Jean-Pierre, qui n'ose même pas me regarder. Dans la voiture, je lui demande s'il n'a rien à me dire, mais il fait la sourde oreille. Jean-Pierre ne s'excusera pas de cette injustice. Nous n'en discuterons plus jamais.

La misère. Voilà ce qui nous guette maintenant. Pour ce Noël 1992, je dépense 60 francs à peine. Mes filles ont de bien pauvres cadeaux ! Heureusement que mes parents et mes sœurs les ont gâtées, comme toujours – ce qui n'est d'ailleurs pas du goût de Jean-Pierre. J'en suis heureuse pour elles.

Chaque nouvelle facture – eau, gaz, électricité, téléphone... – s'apparente à une catastrophe supplémentaire. Si je ne mange pas tous les jours à ma faim, mes filles déjeunent chez leurs grand-mères, ce dont je leur suis infiniment reconnaissante. Parfois, je ne peux même plus mettre d'essence dans ma voiture. Alors, pour tenter d'améliorer l'ordinaire, je donne des cours particuliers à domicile, ou bien je nourris des animaux, notamment des chevaux qui doivent manger à horaires réguliers. Le soir, en ramenant les enfants de l'école, je m'arrête pour les nourrir et vérifier que tout va bien.

Hélas, le peu que je gagne file à toute vitesse. Jean-Pierre, qui n'a décidément aucun sens pratique, a trouvé judicieux d'acheter une voiture en leasing. Surprise, je ne trouve même pas la force de protester. Je travaille, je ne fais que cela, pour sortir la tête de l'eau, et chaque fois que la situation pourrait s'améliorer, monsieur semble tout faire pour nous saboter. Comme je suis trop fière pour réclamer de l'argent à mes parents, je préfère assumer mes erreurs et mordre la poussière, plutôt que de m'humilier davantage. Car j'ai honte des bêtises de mon passé.

En revanche, aucune angoisse : j'ai le ferme sentiment que nous allons nous en sortir. On est plus forts à deux, tout de même ! Et je trouve un peu de réconfort dans mes cours de théologie par correspondance. Eh oui ! Quoique débordée, je trouve encore un peu de temps pour me plonger dans l'étude du grec ancien et de l'hébreu, lire de la philosophie religieuse et les Pères de l'Église. Je travaille tard le soir, une fois les filles couchées, tentant du mieux possible d'oublier les éclats de rire de Jean-Pierre et de ses copains qui occupent le salon, unique pièce chauffée où je puisse travailler…

Un soir, pourtant, j'explose. Il fait très froid et je n'ai même plus de quoi acheter le bois nécessaire à nourrir le feu du poêle. Largement ouverte, ma lèvre gercée me fait terriblement souffrir, tout comme les courbatures rhumatismales provoquées par l'atmosphère glaciale et humide qui règne chez nous. Je ne peux m'empêcher de prendre Jean-Pierre à partie. Comme chaque fois que je le contrarie, il élude et me cherche noise. Pour lui, l'attaque reste la meilleure des défenses. À l'entendre, je suis seule fautive de notre situation commune. Ses reproches sont suffisamment vagues pour que je lui demande :

— Mais comment voudrais-tu que je sois ?

— Mais tu le sais très bien, répond-il.

Ainsi, tout est toujours ma faute, lui ne se remet jamais en question. Si seulement il me disait clairement ce qu'il attend de moi. Comme j'insiste, il me lance, méprisant :

— Je m'en fous…

— Et ta petite fille, tu t'en fous aussi ?

— Totalement. D'elle aussi, je me fiche !

Une sonnerie de téléphone. Je décroche. C'est mon père. Mon père à qui je crie, entre deux sanglots :

— Papa, ça ne va pas du tout ! Il est fou, il dit qu'il n'aime pas la petite, qu'il s'en moque. Oh, papa, on ne peut pas dire ça, elle est tellement mignonne ! Oh, papa, viens, je t'en supplie !

Une demi-heure plus tard, mon père est là qui exige des explications. C'est alors que Jean-Pierre craque. La tête dans les mains, les épaules basses, il murmure qu'il est dépassé par les événements et ne sait plus comment s'en sortir.

— Combien d'argent te faut-il, Jean-Pierre ? lui demande mon père.

— Je ne sais pas… 30 000 francs, peut-être. J'ai décroché un chantier, mais les fournisseurs refusent de me faire crédit pour le matériel. Une fois mon chantier terminé, je pourrai vous rembourser.

Mon père accepte d'avancer la somme. Mais si Jean-Pierre encaisse le chèque, il ne rendra pas le moindre sou… et oublie surtout de remercier mon père. Je n'en verrai pas moi-même la couleur, tout en subissant les remontrances de mon entourage. On me dit que je suis gonflée, à mon âge, de demander de l'argent à mon père et de dépendre encore de ma famille ! Ces reproches me rongent. Chaque fois que j'en fais la remarque à mon mari, celui-ci se contente d'esquisser un sourire énigmatique avant de lâcher :

— Oh ! écoute, si ton père m'a donné cet argent, c'est parce qu'il sait à quel point il est difficile de vivre avec toi. C'est comme une sorte de dédommagement. Qu'est-ce que tu imaginais ?

1994. Enfin conscient de la situation, Jean-Pierre paraît prendre les choses en main et se met au travail. Son caractère, lui, demeure inchangé. Les filles et moi ne sommes contentes que lorsqu'il est absent. Mais il semble vraiment vouloir remonter la pente et, cette fois, je le trouve courageux. Aurait-il enfin compris que la seule façon d'y arriver, c'est de travailler ?

Un jour, cependant, il m'annonce vouloir solder l'entreprise pour devenir garde-chasse. Le rêve de sa vie. Je ne tente même pas de le raisonner, sachant pertinemment qu'il ne m'écoutera pas et se mettra en colère. Tout juste si j'essaie de le mettre en garde avec doigté, mais peu lui importe : il est décidé à abandonner les chantiers pour un métier moins fatigant qui, il en est persuadé, lui conviendra mieux. Il trouve une première place, en Sologne, mais qui ne lui convient pas : trop « industrielle et commerciale » à son goût, elle ne correspond pas à ses aspirations, et tant pis si le salaire proposé est extrêmement intéressant. En revanche, il postule pour un second emploi qu'il rêve d'obtenir. Même, affirme-t-il, s'il doit travailler six mois sans être payé... Aujourd'hui, ce simple souvenir suffit à me glacer. Comment un père de famille peut-il réfléchir de la sorte, quand la situation financière de son foyer est à ce point précaire ? Imagine-t-on pareille chose d'un homme qui sera accusé d'avoir fait disparaître deux personnes pour récupérer leurs cartes bleues ? Cela fait partie de ses contradictions : cet homme est un mystère, il n'obéit à aucune logique.

La chasse tant convoitée est située en Seine-et-Marne, sur un domaine appartenant à un certain M. Negro. Au début de l'automne, l'homme nous reçoit à l'hôtel Stanislas de Nancy. Après tant d'années, je me souviens de cette rencontre comme si c'était hier. M. Negro, comme je l'ai appris par un de ses amis, est un personnage hors du commun. Élevé par une veuve d'origine modeste, il a fait fortune à la force du poignet. Elle lui a permis d'acheter le château de Gourdon, dans les Alpes-Maritimes, où sa mère a été domestique pendant des années, afin de le lui offrir et qu'elle y vive comme une reine. Faire la connaissance d'un tel homme est pour moi un véritable honneur.

M. Negro est là, face à nous. Plutôt grand et chauve, portant des lunettes, l'homme a l'air sévère. À son côté, l'une de ses directrices d'agence de travail temporaire, une très belle jeune femme au doigt orné d'un énorme rubis.

— Laurent Negro, dit-il en guise de présentation.

Puis, se tournant vers Jean-Pierre tout intimidé :

— Alors, Jean-Pierre, vous la voulez vraiment, cette place de garde-chasse ? Est-ce que vous vous rendez compte ?

Comme Jean-Pierre paraît désarçonné, M. Negro le taquine :

— Non, vous ne vous rendez pas compte de votre chance ! Vous êtes locataire d'une chasse en Alsace, ce qui, compte tenu de vos moyens, représente un sacrifice pour votre famille. Je pense que vous ne partez jamais en vacances, madame ? Puis-je me permettre… Si j'avais rencontré une femme telle que vous, je l'aurais certainement épousée sur-le-champ !

Au-delà de ma surprise, je suis touchée par sa gentillesse. Je me jure alors que si mon mari obtient cette place, je ferai tout pour rendre heureux ce M. Negro. Voilà un homme qui a tout réussi et qui ne me manifeste aucun mépris, alors que j'ai toute raison d'avoir honte de mon parcours peu glorieux, en dépit des chances que je n'ai pu saisir.

Quelques jours plus tard, M. Negro appelle pour nous annoncer que Jean-Pierre est embauché ! Avec, de surcroît, un mot très gentil : « Bienvenue dans la famille ! » Un miracle, compte tenu de la situation catastrophique dans laquelle nous nous trouvons. Bien sûr, il va falloir nous séparer quelques mois, le temps que je termine l'année scolaire et que je règle les derniers détails de la fermeture de l'entreprise. Mais cela nous laissera le temps d'aménager à notre convenance le « Jardin des bois », notre logement de fonction.

Pour la première fois depuis longtemps, je me sens heureuse. Malgré la bien étrange histoire que me raconte Jean-Pierre, parti reconnaître les lieux.

— Tu sais, accompagné de M. Negro, je suis allé dans un hangar. Il y avait là des tables sur lesquelles s'entassaient des piles de billets que des femmes comptaient.

— Un hangar ? Mais où ça ? Et que faisaient-elles des billets après les avoir comptés ?

— Ça, je n'en sais rien !

Sur le coup, je ne crois pas un mot de cette stupide histoire. Comme il le fait souvent, Jean-Pierre me raconte des bobards. Pure mythomanie ? Désir de se faire valoir ? Je n'en sais rien, mais je n'aime pas ça. Décidément, il ne change pas : avant même de l'avoir vécu, il gâche chaque instant de bonheur ou de tranquillité…

Du 1er décembre 1994 à juin 1995, je reste seule sept mois avec mes filles. Jean-Pierre ne rentre qu'une fois par mois, avec son linge sale. Il ne me pose aucune question sur la liquidation de notre société, dont je m'occupe seule. Il a purement et simplement tourné la page. À moi de me débrouiller avec l'administration. Les clients qui nous doivent encore de l'argent refusent le plus souvent de me régler. Les fournisseurs, eux, s'impatientent. Un jour, l'un d'eux lève même la main sur moi en me traitant de « voleuse ». Et les dettes de Jean-Pierre, elles, continuent de courir ! Il se montre incapable de rembourser le crédit de sa voiture. À l'en croire, son salaire ne lui permet pas de vivre, encore moins de m'aider à nourrir nos filles. Une fois de plus, j'en suis réduite à jongler avec mes propres revenus. L'un de nos anciens ouvriers, Fernand, nous prend en pitié et me donne du bois. Les parents de mes élèves nous offrent des vêtements. Le Secours populaire et les Restos du cœur nous permettent de manger. Et je me démène comme une furie pour sortir la tête de l'eau...

Décembre. Je laisse les filles à leur grand-mère pour plusieurs jours. Je veux aller voir ce fameux « Jardin des bois » dans lequel nous devons emménager. Sur place, non loin de Bréau où se trouve la chasse, je retrouve ma gentille petite Chipie, l'une de nos chiennes que Jean-Pierre a emmenée avec lui. Il me regarde la caresser sans manifester la moindre émotion. Puis, lorsque je me redresse et tente de l'embrasser, il me repousse d'un geste vif. Notre future maison, à trois cents mètres environ de la route, sans voisins, a l'air perdue au bout du monde. Elle est surtout dans un triste état ! Pas à pas, je découvre la cuisine – un véritable bazar –, le petit salon, le long et étroit couloir, la salle de bains avec douche et lavabo, une chambre, et tout au fond les W-C. Une porte mène à l'étage. Des trois chambres, l'une est proprement inhabitable...

— C'est un chantier, reconnaît Jean-Pierre. Mais ne t'inquiète pas, on va tout refaire ! D'ailleurs, on commence demain. Tu vas m'aider…

Malgré tout, cette maison me paraît mignonne. J'apprécie aussi le terrain de six hectares et la magnifique forêt qui l'entourent. La maison du « Jardin des bois » est la maison de mes rêves !

Mes quelques jours de vacances sont donc bien occupés. Je gratte les murs, je ponce les parquets, je nettoie, je rince à grande eau, et tout cela dans la bonne humeur. Il y a beaucoup de travail, c'est vrai. Mais une fois les travaux terminés, la maison sera très sympathique. Et si c'était enfin le début d'une nouvelle vie ? Perdue dans mes pensées, je sursaute en entendant toquer au carreau de la salle de bains. Derrière la vitre, vision d'horreur : un homme portant un chapeau de cuir, les cheveux longs et sales, me sourit de sa bouche édentée. Surmontant ma peur, je finis par lui ouvrir.

— Bonjour, me dit-il d'une voix douce. Je suis le maire de Bréau, le village le plus proche. Je viens vérifier votre compteur d'eau…

J'en rirais si je ne mesurais soudain à quel point le « Jardin des bois » est isolé. Comment ferons-nous, les filles et moi, lorsque Jean-Pierre ne sera pas là ? Il nous faudrait un bon chien de garde pour impressionner les rôdeurs potentiels. Les deux petites chiennes n'effraient personne !

— On verra, dit Jean-Pierre lorsque je lui raconte ma mésaventure. Pour le moment, je t'emmène au restaurant. On a bien travaillé…

31 décembre. Au revoir, « Jardin des bois » ! Pour le réveillon, je suis chez mes parents, en compagnie de mes filles. En revenant, je passe en coup de vent chez mes

beaux-parents, où j'ai une curieuse conversation avec mon beau-père, au sujet de notre prochain déménagement.

— Marie-Pascale, me dit-il, il faut que tu gardes le camion jusque-là. Tu feras le déménagement avec…

— Garder le camion ? Mais c'est impossible ! Je n'ai pas acheté la vignette et je ne suis plus assurée ! Sans compter le crédit que je n'ai pas fini de rembourser, et toutes les dettes qui courent toujours…

Des dettes, oui. Des dettes qui se sont accumulées et qui se multiplient, d'agios en refus de paiement. La vente du fameux camion ne me permet d'ailleurs pas de tout régler. En février, nous sommes contraints d'emprunter 150 000 francs sur six ans. Bien entendu, je suis obligée de me déclarer solidaire d'un Jean-Pierre qui, ce jour-là, se montre particulièrement tendre et aimable ! Son frère nous accompagne. Voilà même fort longtemps qu'il ne m'a pas parlé aussi gentiment. Comme c'est étrange… Mais je ne pense même pas à protester et trouve tout naturel d'être solidaire de mon mari. Il a l'air tellement navré qu'il me ferait de la peine.

Avril. Pour les vacances de Pâques, j'emmène les filles au « Jardin des bois ». Mauvaise surprise. Les travaux n'ont pas avancé d'un pouce. Anaïs et Pauline apprécient toutefois l'endroit, tandis que je me retrousse une nouvelle fois les manches et me remets au travail. Le déménagement est programmé d'ici un mois environ. Nous vivrons alors dans une belle petite maison, avec de nombreuses dépendances et un grand pré dans lequel j'envisage de planter un jardin potager – mon rêve de toujours. En dépit de nos malheurs, de nos disputes et de la froideur de Jean-Pierre, j'ai le sentiment que nous allons enfin pouvoir être heureux tous les quatre. Ensemble…

6

2 décembre 2004. Une fois n'est pas coutume, j'achète l'hebdomadaire *people* auquel collabore Stéphane, ce jeune journaliste que j'ai si longuement rencontré voici quelques jours. Depuis, nous ne nous sommes pas revus, même s'il m'appelle souvent pour se faire préciser des détails. Redoutant un peu ce qu'il a pu raconter dans son « papier », je le lis rapidement, en cachette de tous. Je passe sur le rappel des faits et la chronologie d'une enquête que je commence malheureusement à bien connaître. Et j'en arrive au récit de notre rencontre.

*

Trois heures. Trois heures à battre ce bout de forêt de Fontainebleau et à retourner le problème dans tous les sens. Tandis que les deux chiens profitent de leur promenade dominicale, Anne (le prénom a été modifié) réfléchit. Comment son mari pourrait-il être coupable ? Comment pourrait-il être mêlé à cette dramatique affaire ? Cela lui paraît impossible. Mais toutes les femmes de meurtrier disent la même chose, non ? Sauf que ce sang identifié sur le couteau du prévenu comme étant d'origine animale conforte sa thèse, son sentiment : « Mon homme des bois n'a pas pu tuer », assure-t-elle.

Anne, 49 ans, est déjà mère quand elle rencontre Jean-Pierre, de huit ans son cadet, en 1988. C'est un chasseur émérite et un pompier volontaire. Il connaît tout de la forêt, les sentiers, les oiseaux. C'est un homme de la terre. Bon camarade, il est capable de se lever la nuit sur simple appel d'un ami. « Moi, ça ne me surprend pas qu'il ait été capable de faire une connerie pareille, comme d'utiliser les cartes bancaires à la demande de ces femmes. [...] *Jean-Pierre a été subjugué par des gens un peu hautains, un peu frimeurs. Avec eux, il a découvert les boîtes de nuit. Il buvait du champagne. Il leur donnait tout : son temps, son travail, son argent.* [...] *J'ai tout arrêté. Nous nous sommes séparés.* [...] *Je ne lui réclamais pas de pension pour notre fille. J'attendais qu'il se refasse.* [...] *Puis, peu à peu, comme il avait retrouvé un travail de forestier, nos liens se sont resserrés. Mais à la fin octobre, il a été odieux. Mes filles, pour me protéger, l'ont mis dehors. Elles lui ont ordonné de ne pas revenir.* [...] *»*

Depuis l'incarcération, Anne écrit chaque jour à son « homme des bois ». Des lettres qui témoignent de son soutien et de son amour. Mais ses pensées vont aussi aux familles de Géraldine et de Katia « qui doivent terriblement souffrir. Et que mon Jean-Pierre y soit pour quelque chose d'une manière ou d'une autre, ça m'afflige... »

*

Voilà. J'ai terminé. Je referme le journal. Ce que Stéphane a écrit est plutôt sympathique à mon égard. Pourtant, son article ne me plaît pas. De bonne foi sans doute, il fait passer mon mari pour un homme un peu simplet, un rustaud, un « homme des bois ». On a du mal à imaginer, de nos jours, que le travail de forestier n'est pas un travail d'imbécile, qu'il y a des ingénieurs des Eaux et Forêts parfaitement « civilisés » et que la majeure partie des propriétaires de forêts sont des aristocrates. Jean-Pierre est loin d'être un imbécile ! Il a délibérément choisi cette vie. Et quant à moi, loin s'en faut, je ne suis pas une « paysanne » mal dégrossie, bêtement amourachée d'un demi-sauvage. Or, telle est bien l'image qui transpire de l'article, à ce qu'il me semble. De surcroît, Stéphane affirme que j'écris tous les jours à mon mari, ce qui est totalement faux et me met en rage. Je décroche aussitôt mon téléphone.

— Votre article, il n'est vraiment pas terrible ! Pourquoi écrivez-vous des contrevérités ? Je n'ai envoyé qu'une seule lettre à Jean-Pierre. Et encore, je ne l'ai écrite que le jour où nous nous sommes vus ! C'est ça, la vérité. Pourquoi l'avez-vous déformée ?

Stéphane s'excuse, mais se défend également. À ses yeux, son « papier » est bon. Il nous présente, Jean-Pierre et moi, sous un jour objectif, ce qui n'est pas toujours le cas dans la presse. Il a pesé chacun de ses mots avant de les écrire... Je ne dois surtout pas verser dans la paranoïa !

Un silence. J'avoue que je ne sais trop quoi répondre. Alors je bredouille un au revoir et je raccroche. Ce qui me contrarie le plus, c'est que l'article soit paru avant le retour des jeunes disparues, que j'espère de tout mon cœur. Cela m'inquiète de plus en plus. Elles ont bien dû entendre tout ce tapage ! Où qu'elles se trouvent, qu'attendent-elles pour se montrer ?

Après réflexion, je n'en veux même plus à Stéphane. Après tout, il ne m'a pas forcée à lui parler. Je savais bien qu'il était journaliste ! Ce que je ne supporte pas, c'est d'être mêlée à cette affaire. Lire mon nom dans la presse me perturbe. Et je ne comprends pas que l'on puisse écrire sur des gens dont on ignore tout, en se contentant d'extrapoler !

Le téléphone sonne. C'est la police. Au début, je n'ai guère eu de contacts avec les enquêteurs qui travaillent sur « l'affaire Giraud », comme je finis moi-même par l'appeler. À présent, ils me sollicitent un peu plus souvent, me demandent par exemple de leur donner quelques détails sur l'emploi du temps de mon mari. De mon côté, je ne peux m'empêcher de leur poser des questions auxquelles ils ne répondent pas vraiment. Invariablement, je leur répète encore et encore :

— Je n'y crois pas. Jean-Pierre n'est pas coupable, n'est-ce pas ?

Je suis vraiment perdue. Si peu préparée à affronter le scandale et cette terrible affaire. Qui le serait ?

Samedi. Je n'ai plus une seule minute de tranquillité. Les journalistes me harcèlent. Certains se montrent assez sympathiques, m'adressent même des paroles d'encouragement. D'autres, au contraire, sont violents, virulents.

On tambourine à ma porte.

— Ouvrez !

— Qui est-ce ?

— La police. Ouvrez, sinon nous pénétrons par la force !

Je sais pertinemment que ces inconnus ne sont pas des enquêteurs. Jamais ils ne se conduiraient de la sorte. D'ailleurs, ils ont mes numéros de fixe et de portable et j'ai toujours répondu à leurs appels. Dehors, les inconnus s'énervent.

— Ouvrez !

— Mais pourquoi ?

— On a des choses à vous dire.

— Quelles choses ?

— Ouvrez et on vous le dira ! De toute façon, si vous n'ouvrez pas, on défonce la porte !

Le ton est si assuré que, cette fois, je prends peur. Je m'empare du téléphone et appelle le commissariat. Un fonctionnaire m'assure qu'il envoie de vrais policiers. Dans les cinq minutes, ils font face à une équipe de reporters qui les toisent sans vergogne. L'un d'eux, plus culotté que les autres, leur tend même sa carte de visite !

Et ce n'est pas tout ! Ce même samedi, mon père, âgé de quatre-vingts ans et gravement malade, reçoit lui aussi plusieurs coups de fil de la presse. Comment l'ont-ils trouvé ? Je suis de plus en plus consternée par la vilaine tournure que prennent les choses. Il devrait exister une loi protégeant les proches des personnes suspectées. Pour quelles raisons devraient-elles être importunées ? Elles n'ont rien fait, que je sache...

Dimanche. À ma grande surprise, après les incidents de la veille, la matinée et l'après-midi se déroulent dans le plus grand calme. Les journalistes ont-ils enfin levé le siège ? Non. Sans le savoir, je bénéficie d'une protection personnelle d'un genre nouveau. Les gamins du quartier, qui me connaissent et m'apprécient, ont décidé d'éloigner la presse... à leur façon. Le soir venu, ils viennent me rendre compte. Une armée de petits soldats dont la moyenne d'âge est de douze ans à peine ! Le plus âgé me dit fièrement, le sourire aux lèvres :

— Eh là, mais ils sont tous fous ! On en a chassé toute la journée et on leur a même jeté des pierres. On leur a crié tous les jurons qu'on connaissait. Qu'est-ce qu'on a ri !

Et l'un de ses copains d'enchaîner :

— Je crois même qu'on leur a cassé un appareil photo ! Madame, si vous avez le moindre problème avec eux, vous nous appelez. Ils ne vous approcheront plus ! On leur fera la fête !

Bien sûr, je les remercie chaleureusement.

7 décembre. Enfin. Là, dans ma boîte aux lettres, j'aperçois une enveloppe portant l'écriture de Jean-Pierre. Ses mots vont-ils répondre à mon attente ? J'ouvre et je lis :

À tous les trois,

Même absent, je vous cause encore beaucoup de soucis, que pensent les filles de moi ? J'imagine. Je crois que plus je cherche à voir un avenir serein pour tous les trois, plus il s'éloigne. Tu sais que je n'ai jamais su dire non aux autres, seulement au lieu de nous apporter quelque chose… enfin tu connais la suite. Je sais aujourd'hui que j'en fait pour les autres et pas pour les miens, pouvez-vous un jours me le pardonnez ? À toi.

PS : Tu vois mon orthographe n'a pas changé mais sa me fait du bien de vous écrire. Je crois que je ne t'aurais rien épargner, quand j'entends ce qui ce raconte ici j'imagine que les media racontent. Comment va Pauline ? Et Nanou a-t-elle passé son permis de conduire ? Je crois que je n'ai jamais pris le temps de te parler, mais je n'ai jamais cessé de penser à toi. Je t'embrasse, les filles aussi, + les deux petites poilues qui me manquent aussi.

Suit le nom de son avocate, l'adresse de la maison d'arrêt d'Auxerre et son numéro d'écrou… Mais quelle réponse déroutante ! L'expression est malaisée, l'orthographe désastreuse. Même l'écriture est bizarre. Quelque chose qui n'est pas normal. Je ne le reconnais pas dans ces mots malhabiles, ces phrases drôlement construites. Est-il affolé ? Je l'imagine perdu, hagard, incapable de comprendre ce qui lui arrive.

★

En ce début décembre, jour après jour, la presse continue de relater les progrès de l'enquête. Le 6, vrai ou faux, les journaux annoncent que Jean-Pierre Treiber aurait admis avoir manié une pelleteuse au début du mois de novembre, dans sa propriété de Villeneuve-sur-Yonne. De là à penser qu'il y aurait enfoui les corps de Géraldine Giraud et de Katia Lherbier, il n'y a qu'un pas. Les policiers entreprennent donc de fouiller les lieux et retournent le jardin. Deux jours plus tard, le 8 décembre, ils découvrent un trousseau de clés, celui de Géraldine, ainsi qu'un téléphone portable calciné. L'examen du trousseau montre qu'une des clés permet de pénétrer dans la résidence secondaire de la famille Giraud à La Postolle, et une autre d'ouvrir l'appartement parisien de la comédienne. Simultanément, la voiture de Géraldine Giraud, une Peugeot 206 gris métallisé, est retrouvée sur le parking de l'hôpital Lariboisière, à Paris (IXe), lieu où se serait rendu Jean-Pierre Treiber, selon le relevé de son mobile. Un faisceau de présomptions se resserre autour de lui, sans que pourtant il ne passe aux aveux.

*

Je sais que les journaux parlent de nouveau de Jean-Pierre. Je colle au plus près de l'actualité. Je me jette sur toutes les dépêches AFP. On m'a mêlée de force à cette affaire, alors je veux savoir. D'ailleurs, mon entourage au complet ne cesse de m'en parler. J'ai le sentiment de ne plus exister à leurs yeux qu'au travers de cette affaire, de me retrouver dans une nasse. Tout cela me dépasse. Après l'angoisse et la colère, la dépression pointe son nez. Mais je me dois de rester digne et de faire front, même si je suis souvent tentée de baisser les bras. Il faut faire face au danger, l'évaluer et ne jamais courber l'échine.

Retour en arrière. Nous sommes en juillet 1995, au « Jardin des bois ». Là-bas, j'en suis persuadée, notre vie sera radicalement différente. Nous partageons un rêve commun. Ce serait bien le diable si, ensemble, nous ne parvenions pas à rembourser nos dettes... J'éprouve tout de même une certaine appréhension. Je ne peux être assurée que l'attitude de Jean-Pierre va changer. Il me faut bien reconnaître que, sans lui, avec mes filles, je suis heureuse. J'ai des amis et les gens que je fréquente sont absolument charmants. Je m'obstine pourtant à trouver toutes sortes d'excuses à mon mari. Je me persuade que ce sont les circonstances et les ennuis qui nous ont blessés et nous ont séparés. J'ai vraiment envie de donner une nouvelle chance à notre mariage !

Une fois encore, mon bel enthousiasme se heurte durement à la réalité. Jean-Pierre n'a pas tenu sa promesse de faire des travaux. Je retrouve le « Jardin des bois » dans l'état où je l'ai laissé, à la seule différence que les volières extérieures sont désormais remplies de coqs et de poules. Au moins, si je prends soin de cette basse-cour, nous serons assurés d'avoir des œufs et de la viande ! Et à mon plus grand plaisir, M. Negro vient nous saluer, les filles et moi, et me remonter le moral :

— Bonjour ! Je vous souhaite d'être très heureuse ici.

Une phrase venue du fond du cœur, à l'évidence. Voilà qui me semble de bon augure. Il ne me reste qu'à retrousser les manches et me mettre au travail.

Dans le but de monter un enclos pour les poules, Jean-Pierre a décidé de débroussailler à proximité du bâtiment d'élevage. Nous l'aidons toutes les trois, avant d'allumer un feu pour brûler les branchages arrachés. Dans un éclat de rire, mon mari me prend dans ses bras – pour lui, si fort, je ne pèse pas plus qu'une plume – et fait mine de me jeter dans les flammes. Je vole au-dessus du brasier. Moi aussi, je ris. Et les filles s'esclaffent, gagnées par notre bonne humeur, avant de se remettre à la pose du grillage avec nous.

Tant d'années ont passé ! Je me souviens encore de mon bonheur ce jour-là. Jean-Pierre est gentil, tendre, de bonne humeur. Il fait beau. Nous avons mille projets. Une vraie fête ! Hélas, les choses ne vont pas tarder à se gâter. Il souhaite en effet que nous hébergions pour quelques jours un de ses amis, un certain Bruno, mais aussi la femme et la fille de celui-ci. Le moment semble vraiment mal choisi. Outre les travaux, il faut encore déballer nos cartons et tout ranger. Et surtout, Jean-Pierre et moi venons seulement de nous retrouver. J'ai besoin de remettre notre couple d'équerre avant de recevoir des visiteurs ! Mais il ne tient aucun compte de mes réticences :

— Décidément, tu es vraiment asociale ! Ils ne nous dérangeront pas, bien au contraire ! Ils vont nous donner un coup de main. Et ils ne seront pas souvent là. Ils viennent surtout pour visiter la région.

Ce beau discours se heurte à une triste réalité. Pour commencer, Bruno et son épouse ne cachent pas leur dépit que leur chambre ne soit pas prête – et pour cause, j'en suis encore à arracher le papier peint ! Quant à leur fille, elle n'a pas passé une heure avec les miennes que déjà toutes trois se chamaillent… Et la suite est à l'avenant. Je me retrouve à faire la cuisine et le ménage pour sept personnes, et bien sûr à dénicher de quoi faire les courses, puisque nous ne roulons toujours pas sur l'or, c'est le moins que l'on puisse dire. Peut-être, comme le dit Jean-Pierre, suis-je trop « personnelle » ? Quoi qu'il en soit, la dépression me guette de nouveau.

Jean-Pierre accueille mes larmes avec froideur et distance. Et méchanceté ! En dépit de ma détresse, il décide d'inviter mes beaux-parents, désireux de découvrir notre nouvelle habitation. Comme par le passé à Sternenberg, la maison doit être nettoyée à fond. Jean-Pierre supervise le travail, houspille, multiplie les remarques désobligeantes. Tout doit être absolument parfait. La veille de leur arrivée, nous désherbons le potager jusqu'à 11 heures du soir. Ce qui n'empêche pas Jean-Pierre d'aller boire un verre au bistrot, comme il commence à en prendre l'habitude…

Trop tard pour me poser des questions, je dois assumer. Que cela me plaise ou non, je n'ai plus les moyens de partir. Mon mari a certes de terribles défauts, mais outre notre fille, quelque chose m'attache à lui. Un sentiment de tendresse qui résiste à chacune de nos disputes, aux difficultés de la vie quotidienne, à ses colères, ses remontrances. Égoïste et obscur, Jean-Pierre a tout de même des qualités. Et la première, sans doute, est la passion qu'il voue à son métier, auquel il consacre le plus clair de son temps et de son énergie…

La chasse ! Durant toutes ces années, je vis à son rythme. Jean-Pierre se doit de participer à chaque partie. M. Negro tient à ce que tous ses employés soient présents pour aider le garde en titre des trois domaines de Seine-et-Marne, Sologne et Alsace. Mais les dates doivent rester secrètes car les gens du coin n'hésitent pas à faire les « bordures », tirant à peu de frais sur tout ce qui sort du territoire. Ils ne laissent ainsi aucune chance au gibier. M. Negro déteste ces viandards à demi braconniers.

Entre deux chasses, Jean-Pierre passe son temps à arpenter les bois. C'est ainsi que, juste avant Noël, il m'explique avoir aperçu des marcassins orphelins :

— Si on ne les nourrit pas, ils mourront. Il fait si froid ! La terre est gelée. Et même s'ils trouvaient de quoi manger, il y a la départementale 420 à deux pas. Ils vont traverser et se faire écraser, c'est sûr…

Quelques jours plus tard, lors d'une sortie, Jean-Pierre découvre les cadavres gelés des marcassins. Au creux d'une souche, il en repère aussi deux autres, transis de froid mais vivants. Sans hésiter, il les rapporte à la maison. Il ne pouvait me faire plus beau cadeau. Deux petites vies fragiles… Les filles et moi les installons sous le radiateur de la cuisine. Ils ne doivent pas peser plus de deux kilos chacun ! Je me précipite à la pharmacie pour acheter des biberons et de la phosphatine. Un menu qui semble leur plaire, même s'il faut les forcer à boire à la tétine. Ils sont si jeunes. Il va falloir les faire manger plusieurs fois par jour, comme tous les bébés. Un marathon, peut-être, mais que j'effectue volontiers, heureuse de les voir reprendre force, malgré les moqueries répétées de mon époux. En quelques jours, Rutzi et Obélix, ainsi que nous les baptisons, deviennent très familiers. Deux petites bêtes que nous installons à la chaufferie sous une lampe infrarouge, comme des poussins, à cause des dégâts qu'ils causent dans la maison, sans parler de la forte odeur qu'ils dégagent ! Chaque fois que je vais les nourrir, je crie : « Mic-mic, les garçons, c'est maman ! » C'est ridicule, mais cela les rassure aussitôt. Jean-Pierre prétend que je m'occupe trop d'eux – ce qui ne l'empêche pas de raconter partout que nous élevons deux petits marcassins… d'où un incessant défilé de curieux au chevet de ces petites bêtes que je désespère de ne pouvoir relâcher un jour dans la forêt, de crainte qu'elles ne se soient domestiquées.

Pour notre premier Noël au « Jardin des bois », M. Negro organise une grande chasse. Rompant avec l'habitude instituée par l'ancien garde, Jean-Pierre insiste pour que la première battue débute juste derrière chez nous. C'est un succès. Le gibier est bien plus abondant que d'ordinaire. On n'a même jamais vu autant de sangliers dans les bois ! Un bon point pour mon mari, dont je me réjouis.

Pour préparer la fête, Jean-Pierre s'est enfoncé dans les bois et a rapporté deux beaux sapins, le premier pour

M. Negro, le second pour nous. Une fois décoré, l'arbre est magnifique. Et même si mon mari reste distant, il n'est pas hostile.

Nous passons notre premier jour de l'an au « Jardin des bois » en compagnie de deux couples d'amis. Comme les femmes n'ont pas envie de faire la cuisine, nous décidons de faire l'impasse sur le classique repas de fête au profit d'un buffet composé de toasts au pseudo-saumon, aux œufs de lump et à la mousse de foie gras. Pour le dessert, de véritables bûches glacées, achetées en promotion. Notre gêne financière nous fait rire aux larmes, comme quoi l'on peut s'amuser sans argent ! Pour finir, nous dansons en riant avec les enfants. Tout le monde est joyeux, sauf Jean-Pierre, assis sur une chaise, l'air pensif et contrarié, qui refuse de se laisser entraîner dans la ronde. Il aurait préféré un repas chaud et n'apprécie pas nos invités, qui sont mes amis plutôt que les siens. Attitude ridicule et déplacée, mais dont j'ai l'habitude et à laquelle je ne prête aucune attention.

Le moment des slows venu, je reste seule dans mon coin. En ce début d'année, je ne me souhaite que d'être heureuse, bien décidée à ne plus me gâcher la vie et à grappiller le moindre instant de bonheur. J'espère simplement que l'année 1996 et les suivantes s'écouleront semblables en ce « Jardin des bois » où j'espère rester très longtemps…

7

Vendredi 9 décembre. Je suis doublement inquiète. Ma fille aînée, Anaïs, qui a souffert d'un cancer et a déjà été opérée à plusieurs reprises, se plaint de douleurs persistantes. Je redoute une récidive. Pour ne rien arranger, l'« affaire Giraud » connaît de nouveaux rebondissements. L'un de mes collègues de travail m'informe que les policiers ont entrepris de fouiller le jardin de mon mari. Après les clés et le téléphone calciné de Géraldine Giraud, que vont-ils y trouver ?

Au fil des jours, j'ai appris à connaître les policiers, et notamment l'un d'eux, que j'apprécie et que je prénommerai Daniel. C'est lui que j'appelle. Il est de service et m'invite à passer le voir. Daniel est large d'esprit et possède un petit teckel. Dans la tourmente qui me frappe, c'est un détail appréciable ! Lorsque je parle avec Daniel, je ne me sens ni jugée ni agressée. Je me sens bien. Ce soir-là, il me reçoit avec sa chaleur habituelle. Mais au cours de notre discussion, le téléphone sonne. À l'expression de son visage et à son attitude, je comprends que je suis de trop et que je ne suis pas censée entendre sa conversation. Je m'éclipse, comprenant d'instinct que quelque chose de très grave vient de se produire.

De retour chez moi, j'allume la télévision pour suivre les informations. Et ce que j'apprends me fait l'effet d'une gifle. Deux corps de femmes – probablement ceux de Géraldine Giraud et de Katia Lherbier – ont été découverts dans le jardin de mon mari, gisant au fond du puisard...

L'annonce me fait l'effet d'un coup de massue. J'ai l'impression de tomber moi aussi dans un gouffre. Cette fois, impossible d'en douter : Géraldine et Katia ne reviendront plus jamais. J'imagine qu'elles se sont rendues chez mon mari, qu'elles le connaissaient vraisemblablement. L'une d'elles lui a dit quelque chose qui lui a déplu et il l'aura giflée. Peut-être est-elle tombée à la renverse, s'est-elle cogné violemment la tête contre un meuble ou un angle de mur... Peut-être son amie, la voyant inerte, s'est-elle mise à hurler... Dans l'affolement, pour la faire taire, peut-être Jean-Pierre l'a-t-il étranglée... Peut-être avait-il bu... Peut-être l'alcool l'a-t-il privé de tout self-control... Peut-être est-il devenu fou !

Incapable de rester assise, je me mets à tourner en rond dans le salon. Ainsi, c'est vrai. Comment Jean-Pierre a-t-il pu basculer ? Et surtout, pourquoi ? Ces derniers mois, il menait une drôle de vie. Tout le jour, il travaillait. Le soir, la nuit, il s'occupait de sa nouvelle amie, une certaine Patricia D., qui ne cessait de lui faire du chantage au suicide. Elle ne supportait pas qu'il la délaisse, ne fût-ce qu'une minute. C'est du moins ce qu'il m'a confié. Il devait sortir avec elle la nuit car elle était insomniaque. Elle ne s'endormait qu'ensuite, vers 6 heures du matin. Il devait manquer de sommeil, boire beaucoup et manger peu. Est-ce cela qui l'aurait fait basculer ?

Le téléphone sonne. Je l'observe un moment sans réagir, avant de décrocher. Au bout du fil, un journaliste veut connaître mes impressions. Il n'est ni agressif ni inquisiteur, mais franchement inopportun et mal élevé. Je fonds en larmes et lui réponds qu'il est tout à fait indécent de m'appeler en pareilles circonstances. Bien sûr, je ne suis pas impliquée directement dans l'affaire, mais grâce aux journalistes, j'en arrive à me sentir fautive, sinon responsable. Tout cela serait-il arrivé si j'avais su préserver mon couple ? Jean-Pierre aurait-il basculé si j'étais restée à ses côtés ? Notre séparation a-t-elle pu faire office de déclencheur ? Je suis tellement troublée et bouleversée que je sens la nausée me gagner. Si je ne veux pas devenir folle, il faut que je parle à quelqu'un. Mais l'amie que j'appelle est en train de dîner. Je la dérange, visiblement…

Une sonnerie. Encore une. Cette fois, c'est Stéphane. Sa réaction est celle d'un ami. Il se dit « effaré ». Lui non plus n'imaginait pas la macabre découverte dans le jardin de mon mari. Lui aussi était persuadé que l'on finirait par retrouver les jeunes femmes en vie. Moi qui les pensais disparues en raison d'un différend familial… Quel affreux destin ! Je m'en veux tellement. Nous avons basculé dans l'horreur.

— Marie-Pascale, et si nous nous voyions samedi soir ? Ce serait mieux de nous parler de vive voix. Je vous invite au restaurant. D'accord ?

Aussi invraisemblable que cela puisse paraître, j'accepte. J'ai trop besoin de parler à quelqu'un. Stéphane semble alors la seule personne au monde capable de me comprendre.

Samedi. Les journalistes tentent vainement d'approcher mon domicile. Mon « service d'ordre » enfantin, toujours bien en place, suffit à les chasser ! Pour les gosses du quartier, c'est une guerre d'autant plus « sainte » qu'ils se savent dans leur bon droit. Si la police rapplique, ils ne se feront pas taper sur les doigts.

En toute fin d'après-midi, je reçois leur visite. Ils viennent au rapport, grattent à la porte et crient le mot de passe : « Voilà les voisins ! » J'esquisse un sourire. Ils parviennent à m'amuser, malgré le drame qui se joue. Plus loin, l'un d'eux se met à crier. C'est la « sentinelle ». Mes interlocuteurs s'éparpillent telle une nuée de moineaux, prêts à s'en prendre au journaliste qui se pointe. Mais non, ce sont les voisins du numéro 90 qui ont de la visite. Une « bavure » ! Les troupes reviennent au rapport. Elles passeront le week-end à faire le guet, pour empêcher la presse de me harceler. De braves petits, vraiment. Du coup, je me sens presque coupable de les « trahir », si je puis dire, en rencontrant Stéphane.

Le soir venu, nous nous retrouvons sur le vaste parking, devant mon impasse devenue ghetto. Stéphane est accompagné d'un autre journaliste qui me fixe bizarrement, comme s'il me photographiait.

— Oh, écoute, lui dit Stéphane, ne t'inquiète pas. Je te dis que ça va aller.

Il parle d'une voix douce et rassurante. À l'écouter, j'ai l'impression que cet homme-là est incapable de se fâcher. Avec la meilleure volonté du monde, je ne parviendrais sans doute pas à le mettre en colère… Et si j'essayais, justement ? Bien sûr, l'heure n'est pas aux ruses, mais il peut m'arriver de provoquer les gens, histoire de voir qui ils sont réellement. La colère fait tomber le masque et ils se dévoilent. Parfois, j'ai de bonnes surprises et me lie d'amitié avec mes « cobayes ». Mais je ne jouerai pas à ce jeu avec Stéphane… tout du moins, pas ce soir !

— Vous avez un service d'ordre parfait, lance Stéphane. Bien rodé et efficace… Impossible d'approcher de chez vous ! Bon, on y va ?

Quelques minutes plus tard, nous nous attablons sans son compagnon. Le restaurant est bondé. Mais nous n'avons faim ni l'un ni l'autre. Comment avoir de l'appétit avec ce qui vient de se produire ? Stéphane parle lentement. C'est une affaire épouvantable, me dit-il, mais personne ne connaît encore toute la vérité. Il a essayé de joindre Patricia D., l'amie de mon mari, en vain : ses parents font barrage. À les en croire, elle ne va pas bien du tout et a terriblement maigri. J'en rirais presque. C'est exactement ce que Jean-Pierre, avec pitié, me disait d'elle avant toute cette histoire. À mes yeux, Patricia n'est pas une victime. Et si je n'en dis pas plus, c'est uniquement parce que je me refuse d'accuser les gens sans preuve.

Le dîner prend fin et nous nous quittons en promettant de nous revoir bientôt. Un dernier signe et Stéphane disparaît. Je me retrouve seule. Sur le chemin du retour, je laisse les souvenirs m'envahir de nouveau. Et je me retrouve en pensée au « Jardin des bois »...

1996. Jean-Pierre et moi formons toujours un couple, mais à quel prix ! Il n'est jamais là et ne s'occupe de rien. À moi le ménage et la cuisine, mais aussi l'entretien des volières et des cages. Loin de s'en trouver satisfait, il me critique constamment. À l'en croire, la maison est toujours mal entretenue, comme il le fait remarquer à tous les visiteurs. Que répondre ? Rien. Aussi je me tais, attendant que l'orage passe. Mais il enfourche alors un autre cheval de bataille : je ne suis pas élégante et cela nous nuirait, au regard des autres. Mais comment m'habiller avec la vie que je mène ? Je me lève aux aurores pour nourrir les bêtes, avant d'emmener les enfants à l'école ! Entre-temps, bien sûr, je vaque aux nombreuses occupations ménagères... Dans ces conditions, l'élégance vestimentaire relève de l'exploit ! Par ailleurs, où trouverais-je l'argent nécessaire ? Jean-Pierre semble oublier à quel point nous sommes couverts de dettes. Chaque mois, le prélèvement effectué sur mon compte me laisse sans le sou. Selon lui, seule responsable de ces dettes, je dois en assumer les conséquences ! Or je n'ai aucun espoir de voir la situation s'améliorer avant six ans.

Un jour, un huissier se présente à notre domicile pour procéder à la saisie de tous nos meubles. Je tombe de haut, croyant que notre gros emprunt avait permis de tout régler. Heureusement, la dette est au nom de mon mari : l'huissier ne peut rien me prendre de personnel.

— Dis-lui que les meubles sont à tes parents, murmure Jean-Pierre en me pinçant le bras.

Je m'exécute d'autant plus volontiers que tel est bien le cas.

Par bonheur, je ne suis pas seule. Une femme dont l'enfant est à l'école primaire avec ma fille m'a prise en amitié. Un jour, elle propose de me présenter comme guide touristique au château de Blandy-les-Tours, en cours de restauration. Cette perspective m'emballe aussitôt. L'Histoire m'a toujours passionnée et l'équipe des guides est vraiment très sympathique. Notre responsable, M. Hanneton, se trouve précisément être le sauveur du château. Homme de grande érudition, il se révèle très ouvert et avenant.

Bien sûr, comme ce travail ne me rapporte pas grand-chose, Jean-Pierre est mécontent. Il est vrai que je n'accompagne pas suffisamment de visites pour me faire une véritable paye. Mais, à juste titre, je prévois que ce château finira par se faire une renommée et qu'il y aura des places à prendre. Jean-Pierre, impatient, ne voit pas les choses sous le même angle.

Les temps sont durs, mais je ne me plains pas. Nous avons la chance d'être logés gratuitement et de n'avoir aucune facture à régler. Nos seules dépenses sont pour la nourriture, les vêtements et mon essence. Et nos rapports avec M. Negro sont excellents. Plus je le connais, plus je l'estime. S'il aime la chasse, il apprécie surtout la nature et les animaux. Il appelle souvent pour prendre des nouvelles. Parfois, quand il est de bonne humeur, il me pose des questions sur notre vie quotidienne. Je lui parle des bêtes que je croise en forêt. Il adore les perdreaux, que nous trouvons tous deux si touchants, et me demande souvent si j'en ai vu. Mille petits riens qu'il écoute avec intérêt et patience. Bien entendu, mon mari déteste nos conversations. Que m'importe ! J'aime parler avec M. Negro. Il ne manque jamais de faire un bon mot. J'ai l'impression que je le fais rire, et même que je contribue à lui remonter le moral. Plus le temps passe, plus nos échanges sont francs et cordiaux. Il en vient à me faire des confidences, m'avoue qu'il se sent très fatigué. Je m'autorise à lui dire qu'il devrait peut-être travailler moins dur et profiter un peu de ce qu'il possède. Si je me mêle ainsi de ce qui ne me regarde pas, il ne m'en tient pas rigueur et me répond simplement :

— Merci pour ta franchise. Tu as raison… Je vais y songer.

Mai 1996. M. Negro a besoin de tous les résidents de son domaine pour l'aider à suspendre les tapisseries d'Aubusson qu'il vient d'acquérir. Anaïs et moi, disponibles ce jour-là, répondons avec plaisir à sa requête. Comme à son habitude, il nous accueille le plus gentiment du monde. Tandis qu'il nous embrasse, je remarque une femme adossée à un pilier. Soigneusement maquillée et habillée avec chic, elle tient une cigarette à la main. Cette dame d'un certain âge, toujours belle, est l'épouse du vendeur des tapisseries. Comme M. Negro nous présente, elle nous salue d'un simple signe de tête. Sans ambages, il s'exclame :

— Mais vous pourriez leur serrer la main !

Puis, me prenant par le bras :

— Ma chérie, chuchote-t-il, dis-moi quelle tapisserie tu voudrais pour toi.

Stupeur de la femme qui s'approche aussitôt, curieuse d'en savoir davantage.

— Mais madame, lui lance alors M. Negro, vous voilà bien indiscrète ! Vous ne voyez pas que je suis avec une amie ?

Et, se tournant vers moi, il conclut avec un petit rire :

— Quelle casse-pieds, celle-là !

Ce jour-là, nous sommes deux gamins facétieux, des complices oubliant tous leurs soucis dans les rires !

Mais malgré les divers avantages en nature, les allocations familiales, le chômage, mes revenus complémentaires en tant que guide, nous devons toujours rembourser notre emprunt, ainsi que le leasing pour la voiture de mon mari. Le total dépasse le salaire de mon mari. Si nous ne mourons pas encore de faim, les finances ne sont pas glorieuses et notre équilibre demeure très fragile. D'autant que Jean-Pierre vit comme si tout cela n'existait pas, sans jamais rechigner à la dépense. Ainsi, il se rend chaque mois en Alsace.

En mai 1996, nous sommes invités à la communion de David, le fils de Fernand et filleul de Jean-Pierre. Pour l'occasion, nous sommes obligés de louer une voiture, la mienne étant bien fatiguée et celle de Jean-Pierre n'ayant que deux places. Dépense somptuaire, d'autant que, durant ce week-end, nous dépassons le forfait de six cents kilomètres qui nous est alloué. La facture est salée !

Ce week-end-là, nous dormons chez mes parents. Jean-Pierre nous y dépose et repart aussitôt, pour ne revenir qu'en pleine nuit, réveillant tout le monde au passage. Le lendemain, c'est à moi que mon père s'en prend. Il trouve extrêmement mal élevé de se permettre ainsi de réveiller en pleine nuit les gens qui ont la gentillesse de vous héberger. Je ne leur donne pas tort, mais il leur semble que je laisse mon époux aller et venir à sa guise. Mes parents, qui le connaissent pourtant, savent parfaitement que Jean-Pierre a toujours eu besoin de beaucoup de liberté et que rien ni personne ne peut l'entraver. Il est ainsi et cela ne me gêne pas, pourvu qu'il soit heureux et gentil avec nous. Ma vie de couple étant fondée sur la confiance, pourquoi ferais-je des histoires ? Je lui ai seulement demandé de ne pas me tromper, persuadée qu'il tiendra ce serment. D'ailleurs, qui oserait faire une remarque à cet homme pour le moins « original », dont les facéties finissent toujours par faire rire mes parents ?

Juillet 1996. Notre situation financière est devenue désastreuse. Notre agence bancaire menace de nous faire ficher à la Banque de France. Il me faut donc trouver une solution pour nous sortir de cette impasse, d'autant je me retrouve encore une fois seule responsable aux yeux de mon conjoint.

J'apprends alors que, dans la maison de retraite privée de Bombon, on cherche une femme de service. Je me présente et suis aussitôt embauchée. Je deviens ainsi employée au château de Montjay. Le travail se révèle harassant et je n'ai droit qu'à un seul jour de congé par semaine… quand on me laisse le prendre ! Mais je n'ai pas le choix. Il faut que nous sortions de cette ornière financière.

Mon époux, lui, nage dans le bonheur : mon nouveau travail lui permet de surveiller mes moindres faits et gestes ! Il connaît en effet certains membres du personnel, lesquels, de toute évidence, se font un devoir de l'informer de mes activités. Cela me vaut quelques reproches supplémentaires, mais j'en souffre moins que de gâcher l'été de mes enfants. Anaïs, ma fille aînée, se retrouve en effet contrainte de prendre ma place à la maison. À douze ans seulement, la voici obligée de s'acquitter des tâches ménagères que je ne peux plus assumer, faute de temps. Elle nourrit les bêtes, leur donne à boire, fait la cuisine pour toute la famille et nettoie la maison. Pour tout remerciement, elle n'a droit qu'aux critiques invariables de mon mari. Dans cette situation, j'en viens une nouvelle fois à penser que, décidément, rien n'ira jamais pour le mieux.

Sou après sou, j'entreprends de mettre un peu d'argent de côté. Jean-Pierre, à qui je ne peux rien cacher, finit par l'apprendre. Il entre dans une de ces colères dont il a le secret. À l'entendre, je l'ai trompé. J'ai beau lui expliquer que je ne fais qu'anticiper, rien ne le calme. Prenant sur moi une fois encore, je lui précise calmement qu'il est hors de question que je prolonge mes contrats à durée déterminée au château de Montjay. Il peut faire tout le cinéma qu'il veut, je ne céderai pas. J'ai d'ailleurs bien l'intention, ensuite, de réintégrer l'équipe des guides du château de Blandy.

Décembre 1996. Un étrange climat s'installe sur le domaine. L'ancien garde-chasse – mis en retraite anticipée par M. Negro – et un autre employé intriguent pour faire renvoyer Jean-Pierre, dans le but sournois de récupérer le « Jardin des bois ». Ils tentent de le pister, épient ses faits et gestes, font courir le bruit qu'il braconne et commet les pires exactions. Ils vont jusqu'à tenter de collecter des renseignements sur moi. Comme Jean-Pierre s'affole, je prends sa défense et m'efforce de le rassurer du mieux possible. Mais son inquiétude est bien réelle.

— Ils sont capables d'inventer n'importe quoi sur moi, me dit-il.

Je ne mets pas une seconde sa parole en doute.

C'est dans ce climat détestable que se préparent les fêtes de Noël. Puisque je travaille, j'ai décidé d'envoyer mes filles en Alsace, chez mes parents. J'emmènerai les petites à la gare de l'Est, où j'ai donné rendez-vous à mon père. Sans voiture ce jour-là, je demande à mon mari de nous amener à la gare de Mormant, à douze kilomètres de la maison. Nous l'attendons en vain : il est allé prendre l'apéritif chez des amis qui se moquent de nous quand je l'appelle. Après avoir fait le plein de pastis, son apéritif de prédilection, il arrive enfin, à la dernière minute. Le train vient juste de partir quand il nous dépose à la gare… Nous devrons nous rendre à Paris en voiture. Mais nous nous perdons. À bout de nerfs, je me résous à appeler un taxi. Nous arrivons gare de l'Est un quart d'heure avant le départ. Mon père, à juste titre, est furieux et inquiet. Sachant les filles en sûreté auprès de lui, je peux sauter dans le premier train pour Mormant et regagner seule notre domicile.

Surprise. Sur le parking de la gare, Jean-Pierre est là, qui m'attend. Dégrisé ! Les épaules basses, il m'avoue qu'il a oublié ses clés. Puis il éclate d'un rire contagieux. Décidément, ce côté bohème, fantasque et un brin tête en l'air parvient encore à me faire rire ! Pas pour longtemps.

26 décembre 1996. Un appel téléphonique de sa secrétaire nous apprend le décès de M. Negro. Ses funérailles ont lieu le 31 décembre. Je pleure et je pense à lui. Je regrette de ne pas lui avoir dit combien je l'aimais, de ne pas lui avoir donné plus de bonheur, de ne pas l'avoir connu assez. Bien sûr, il était le patron de mon mari, mais grâce à lui, nous

avons vécu un rêve éveillé. Il a donné à Jean-Pierre le travail dont il avait toujours rêvé et, à nous, un toit, le chauffage, l'électricité. Il nous a tant donné, sans mépris, hautaineté ni condescendance, sans rien nous demander en échange qu'un peu de gentillesse, deux ou trois petits services. Quand je pense à lui, aujourd'hui encore, les larmes me viennent aux yeux. Il m'a laissée très seule, à jamais orpheline de son amour. Sa mort, c'est une page de mon existence qui se tourne…

11 décembre 2004. Retour au présent. Il fait nuit noire quand je regagne mon domicile, après mon dîner avec Stéphane. Je sais que je devrais aller me coucher, mais c'est impossible. Je sais que, dès que j'aurai fermé les yeux, les images du puisard dans lequel Géraldine Giraud et Katia Lherbier ont été ensevelies m'empêcheront de trouver le sommeil. Alors, je tourne en rond dans le salon. Puis je me décide à prendre du papier, un stylo. Et je commence une longue lettre :

> *Cher Jean-Pierre*
>
> *J'ai trop mal au cœur à cause de toute cette histoire qui ne cesse de me hanter, je ne peux plus en dormir, cela me tue littéralement. Je ne cesse de penser au calvaire de ces femmes, pourquoi ? Je ne cesse de me dire que c'est affreux que quelqu'un se soit donné le droit de les faire mourir… de quel droit ? Tu sais, je suis malade de tout cela, oui, je sais que cela ne me touche pas, j'ai d'autres soucis, mais là si tu veux c'est ce qu'il y a de plus grave de tout ce qui est arrivé.*
>
> *Je n'ai pas l'impression que tu comprends bien ta situation et pourquoi tu es incarcéré, il ne s'agit pas d'un vol… beaucoup plus. J'ai l'impression que tu ne réalises pas du tout que rester*

silencieux ou parler c'est du pareil au même, les charges qui pèsent contre toi sont énormes et on ne peut pas imaginer de quelle manière tu vas t'en sortir.

Là où tu es je ne peux rien pour toi à présent, tu es allé trop loin. Je n'ai pas cru un instant que ce soit toi, je ne le crois pas mais je crois que tu couvres une personne et je crois que tu ferais bien mieux d'arrêter de vouloir couvrir cette personne.

Quelqu'un se balade dehors, et tu vas payer pour lui. Pas un an ou deux, mais tu peux te dire que perpétuité veut dire quelque chose. Je peux te dire que si tu ne parles pas, tu n'aides pas la justice et de ce fait tu t'enterres dans la situation de complice consentant et que tu ne peux te sauver qu'en parlant… et dire la vérité. Je te supplie de la dire, même si toi tu crois qu'elle est horrible. Pense à ces familles, ces pauvres gens qui pleurent leur sœur, leur fille, imagine la peine de perdre son enfant dans ces circonstances… Si tu ne parles pas tu vas payer tout seul pour deux assassinats, et vu la gravité des faits tous les millions de la terre ne suffiront pas à te libérer. Ta fille aussi a le droit de savoir, imagine ce qu'une jeune fille de 15 ans peut ressentir ? Ne méritons-nous que la honte, le mépris, la misère ?

Elles étaient si belles, elles avaient encore de belles années devant elles. Tu dois nous aider. Je t'embrasse très fort.

Marie.

8

Chère Marie,

J'ai bien eu ta lettre, elle m'a fait du bien je suis content que quelqu'un pense à moi. Tu sais 2004 est pour moi une année qui a mal commencé et qui fini encore plus mal elle me rappel l'année où est mort Mr Négro... Pourtant cette année je la voyait bien finir et 2005 très bien commencer. À la fin de cette année la maison de Chateau aurait dû être joliment arrangée à l'intérieur et à l'extérieur le terrain à côté du jardin aurait dû être clôturé pour que je puisse reprendre des teckels.

J'avais aussi commencer à chercher du travail dans l'Yonne afin de pouvoir profiter des chiens. J'ai vraiment, comme elle voulu repartir en 2005 à zéro, rattraper le temps perdu et faire en sorte qu'on puisse se voir plus souvent.

Je voulais revenir à la vie que j'ai toujours aimée, la forêt, les chiens, j'avais des idées plein la tête, repris confiance en moi et aujourd'hui... Je me retrouve dans une situation que j'ai du mal à surmonter. Je continue à croire à la justice mais j'ai très peu d'éléments pour pouvoir l'aider à me sortir de là. Tu sais je suis très régulièrement extrait de la prison pour des perquisitions, des interrogatoires, alors si tu peux un jour venir me voir au parloir assure-toi auprès du juge ou du greffe que je suis bien présent ce jour-là. Essaye aussi de me donner des nouvelles des filles dans ton prochain courrier, dit moi si Nanou a eu son permis et si Poupou fait toujours de la boxe. Je vous aime et vous embrasse fort.

Jean-Pierre

Chère Marie

J'ai bien reçu ton mandat, je ne sais pas comment te remercier mais je te garderait au fond de mon cœur. Aujourd'hui il y a eu quelques flocons de neige à Auxerre, peut-être en aurez vous un peu pour Noël, avez-vous fait un sapin. J'espère que malgré tout vous allé passer un bon Noël. Embrasse bien les filles pour moi, vous me manquer et les petites poilus aussi. À part mon avocate tu es la seule à qui j'ai écrit depuis mon incarcération, je sais que mon frère a essayer de me voir mais il n'a pas pu. Je crois que Mamie n'a pas votre adresse, si tu les a au téléphone embrasse les pour moi. Je t'embrasse très fort.

Jean-Pierre

Décembre 2004, toujours. Les lettres de Jean-Pierre m'arrivent une à une. J'ai beau les lire entre les lignes, je dois me rendre à l'évidence : il ne me dit rien, vraiment rien. Ces missives ne lui ressemblent pas. Ce sont des courriers standard, qu'il sait lus par le juge d'instruction, auquel elles s'adressent en réalité. Voilà pourquoi il se contente d'écrire des banalités et de se faire passer pour un bon père de famille, un brave type.

En attendant, je désespère toujours de savoir ce qui s'est réellement passé. Mais autour de moi, le silence. Hormis les appels de journalistes et de mon père qui vient aux nouvelles, le téléphone ne sonne plus. Mes amis semblent m'éviter. Au travail, certains de mes collègues ne m'adressent la parole que pour évoquer « l'affaire » et me tirer les vers du nez. Je ne trouve de réconfort et d'humanité qu'auprès de ma direction, de certains collègues très proches et, bien sûr, de Stéphane. J'ai le sentiment d'être devenue une sorte de pestiférée, mais je ne leur en veux pas de réagir ainsi : chacun porte sa croix, à chacun ses problèmes… même si les miens sont vraiment très lourds. Trop lourds !

*

Le doute n'est plus permis. Les corps retrouvés dans le puisard de Jean-Pierre Treiber sont bien ceux de Géraldine Giraud et Katia Lherbier. Selon les premières conclusions de l'Institut médico-légal de Paris, Géraldine a été bâillonnée avec du scotch de déménageur enroulé sur un gant de toilette. Katia avait également les yeux et la bouche bandés. Les deux jeunes femmes n'ont pas été étranglées. Les corps ne présentaient aucune trace de lésions, de contusions ou de sévices sexuels. Leur mort ne résulte pas de coups, de blessures à l'arme blanche ou d'arme à feu. L'état de leurs viscères indique en outre qu'elles auraient pu être droguées, ce que doivent confirmer les analyses toxicologiques en cours.

En attendant d'autres rebondissements, les journalistes tentent de joindre les proches du suspect n° 1. Son père, Georges Treiber, accepte de donner une interview au Parisien. *« Je ne crois pas du tout à la culpabilité de Jean-Pierre, explique cet invalide de guerre. Mon fils est quelqu'un de généreux. Même si ça pouvait lui causer du tort, il était toujours prêt à rendre service, mais pas pour tuer quelqu'un. C'est la dernière personne capable de faire une chose pareille. Il était bon avec tout le monde. Par exemple, il s'entendait très bien avec la première fille de son épouse, il s'en occupait comme de son propre enfant. » Et Georges Treiber d'ajouter : « Je ne comprends pas ce qui a pu se passer. Je ne crois pas qu'il ait pu voler les cartes bleues. Selon moi, on les lui a remises bénévolement et en mains propres. Quant aux corps retrouvés dans le jardin, quelqu'un a pu profiter de son absence de la maison. On peut faire ce qu'on veut dans la propriété quand il n'y a personne, or*

Jean-Pierre était souvent en déplacement professionnel. C'est facile d'ouvrir le portail, même quand il est fermé... »

*

Comme beaucoup, je découvre l'interview de mon beau-père dans *Le Parisien* en date du 14 décembre. Je suis assez étonnée qu'il ait accepté de parler. Lui et son épouse sont des gens plutôt discrets. Je n'ai aucune nouvelle directe d'eux, mais je sais qu'ils en donnent secrètement à Pauline. Qu'ai-je donc à me reprocher ? Quoi qu'il en soit, je suis effarée par ses propos. Affirmer que Jean-Pierre s'entendait bien avec Anaïs est contraire à la vérité. On ne peut pas dire qu'il lui ait témoigné de la gentillesse, ni qu'il se souciait de son bien-être.

Reste ses déclarations sur l'innocence de Jean-Pierre. Un père défend toujours son enfant, mais les explications de Georges manquent de clarté. À le lire, l'assassin connaissait Géraldine, Katia et Jean-Pierre. Il aurait tué les deux jeunes femmes et les aurait enterrées à l'insu de mon époux. Il connaissait aussi le lieu de résidence de ce dernier, suffisamment pour se souvenir de ce puisard qui ne se voit pas du premier coup d'œil. Mais l'utilisation des cartes bancaires, comment l'expliquer ? Tout cela ne tient pas debout.

15 décembre. Sur le pas de ma porte, je la vois approcher : une petite bonne femme toute mince, à l'air doux et timide. Elle tient un bloc-notes de couleur noire. Elle est si jeune ! Elle a l'air d'avoir froid, avec son manteau trop fin et ses petites chaussures... Arrivée devant moi, elle me demande si je suis bien Marie-Pascale Treiber.

— C'est moi.

— Bonjour, dit-elle en me tendant la main. Je suis Delphine Chayet. Je travaille au *Figaro*. Est-ce que nous pouvons nous parler ?

Sans savoir pourquoi, j'accepte. Jusque-là, je n'ai accordé d'interview qu'à Stéphane. Sans doute ai-je déjà lu des papiers de cette jeune femme et me paraît-elle être plus honnête. Nous nous entretenons donc longuement. Deux jours plus tard, l'article paraît dans les colonnes du *Figaro*. Sa conclusion : « Des familles pleurent aujourd'hui, dit Marie-Pascale Treiber. Elles ont besoin de savoir ce qui s'est passé et il faut les aider. Si Jean-Pierre est coupable, il devra payer… »

Je ne renie pas ces mots. Delphine Chayet ne m'a pas trahie. Ils expriment ce que je continue de penser et que je revendique : chacun doit assumer ses actes. Mon père, lui, est gêné, car il a dû essuyer la colère noire d'une de ses amies qui estime que je n'avais pas le droit de prononcer de tels mots. Une épouse se doit, en toutes circonstances, de soutenir son mari ! Je n'en ai cure car cette fois, ces propos me valent des échos de sympathie.

Difficile de préparer Noël dans ces conditions. Mes filles n'ont pas le cœur à la fête et moi encore moins.

— Maman, me disent-elles, on pense aux familles des victimes. Elles ne les reverront plus jamais. C'est terrible…

Je n'espère qu'une seule chose : que la vérité éclate et que tous les mystères s'éclaircissent. Mais, dans les lettres de Jean-Pierre, rien, pas un mot pour les victimes et leur famille ! J'attends de lui un peu de compassion.

Marie,

J'ai bien eu vos lettres. J'espère que malgré tout vous avez passé un bon Noël. Hier j'ai écrit une lettre à Pauline. Elle me manque beaucoup, ainsi que Nanou. Tu sais, moi aussi je suis content que tu m'écrives, que tu dise que j'ai du soutien à l'extérieur, car hier encore aux infos à la télé, ils n'y sont pas allés avec le dos de la cuillère en parlent de moi alors heureusement qu'il y a des gens qui savent comment je suis, j'ai même reçu une lettre d'un copain d'Alsace que je n'ai pas vu depuis des années. Je suis rassuré que les gens sont gentils avec vous, je pense tout le temps à toi et à ton courage dans les circonstances difficiles. Pour ce que tu m'as écrit au sujet de Nanou je souhaite de tout cœur qu'il n'y a pas une rechute, je pense qu'elle a déjà suffisamment donner de sa vie. Elle s'est tellement battue pour vivre que ce serait vraiment trop injuste. Moi je suis peut-être malheureux mais je ne vis pas ce qu'elle a vécu pendant tous ces mois à l'hôpital.

Tu sais j'ai vraiment besoin de vous voir j'en ai gros sur le cœur. Passe le bonjour à papi, moi aussi je pense à lui. Je t'embrasse très fort gros bisous aux filles.

Jean-Pierre

Chère Marie

J'ai bien eu ta lettre du 30 décembre, ton courrier me fait garder le moral et je t'en remercie. Pour le reste je fait aller ici je n'ai pas besoin de grand-chose, du moment que je te sent près de moi. Le linge que j'ai me suffit pour le moment, je le lave au fur et à mesure, et les cigarettes je les roule donc j'en fume moins. Je ne sais pas combien de temps va durer cette situation, mais si je reste ici je vais être obligé de travailler ou de faire des études sinon je ne tiendrai pas le coup, pour l'instant je lis beaucoup et sa me fait penser à autre chose.

Si tu m'envoies des photos je veux la tienne aussi, tu sait être une belle femme, l'aurais-tu oubliée ? Pas moi ! Et ne plus tu as toujours été la pour m'épauler dans les moments difficile, je suis un vrai con, aujourd'hui entre quatre murs je me rend compte que la vie de famille, je l'ai vraiment ratée. Quant à Patricia, entre elle et moi il n'y a rien, elle n'a même pas essayer d'avoir de mes nouvelles et je m'en fou. D'ailleurs je n'ai vraiment pas envie de parler d'elle. Je préfère parler de Sara va-t-elle mieux après son indigestion de Noël ? Pour Gloria je pense comme toi elle a le même potentiel que Chipie, pour cette saison de chasse je ne ferai certainement plus de recherche, et elle craint trop les autres gens pour la faire marcher avec Matthieu. Par contre ce serait bien su tu pouvais les emmener en forêt de temps en temps, comme avant, elle sont tellement sympa ces deux. Je voudrais aussi que tu demandes à Matthieu une adresse pour lui écrire (chez ses parents par ex) car je n'ai pas envie que le courrier se « perde » à Saveteux.

Tu vois je n'arrête pas de te demander des choses… continue de prendre soin des enfants et des petites, je ne t'oublie pas, jamais je ne pourrais.

Embrasse les filles. Je t'embrasse très fort, tu me m…

Jean-Pierre

Chère Marie

J'espère que vous avez eu mes lettres, comment allez vous ? J'ai changé de cellule et je vais peut-être avoir du travail bientôt.

Dans le Chasseur français *du moi de janvier il y a une annonce d'emploi qui m'aurait bien plus, mais c'est toujours comme ça… j'ai hâte que tout cela finisse. En attendant, je fait aller, as-tu une autorisation pour venir me voir ? Ce serait bien si tu pouvais venir mais le problème c'est que sa te fait une sacrée route. Fait des gros bisous aux filles, je t'aime.*

Jean-Pierre

Bien sûr que j'aimerais le voir, moi aussi, surtout pour qu'il me parle de vive voix, pour apprendre de sa bouche la vérité. Mais le juge d'instruction refuse de m'accorder un permis de visite. Quand j'en ai reçu notification, j'ai été déçue. Mais peut-être est-ce mieux ainsi ? À présent, je ne sais plus. Car mes sentiments vis-à-vis de mon mari sont de plus en plus partagés. Dans la presse, je lis des articles qui m'effraient, tant les charges qui s'accumulent contre lui semblent lourdes. Il y a les cartes bancaires dont il s'est servi. Ces corps retrouvés dans son puisard. Cette amitié amoureuse avec Patricia, qui a dû lui coûter de l'argent, vu le train de vie qu'exigeait cette personne.

Si Jean-Pierre est innocent, pourquoi ne révèle-t-il pas le nom des coupables ? Il doit bien les connaître ! Quand les deux pauvres corps de Géraldine Giraud et de Katia Lherbier ont été sortis du puits, il a, paraît-il, marmonné : « Le salaud ! Il les a butées. » De quel salaud parlait-il ? Pourquoi ne le dénonce-t-il pas ? Que sait-il exactement de toute cette affaire ? Toutes ces questions tournent et retournent sans cesse dans ma tête. Un jour, je suis persuadée que Jean-Pierre est innocent. Le lendemain, je penche en faveur de sa culpabilité. Et si je continue de vivre, d'accomplir mes tâches quotidiennes, c'est mécaniquement, sans y penser. Car je ne pense qu'à une seule, une unique chose : cette affaire qui vient de bouleverser ma vie, un cauchemar dont, décidément, je ne me réveille pas… Et je ne cesse de penser à ces familles qui pleurent et qui réclament à juste titre la vérité pour soulager un peu, si peu leur extrême douleur.

*

Géraldine Giraud et son amie Katia Lherbier ont-elles été empoisonnées ou asphyxiées ? Telle est la question que se posent les journalistes en ce début du mois de janvier 2005. Trois semaines après la découverte de leurs corps sans vie au fond du puisard jouxtant le pavillon de Jean-Pierre Treiber, les enquêteurs restent prudents sur les causes du décès.

Selon des sources bien informées, il serait dû à un produit toxique habituellement utilisé pour tuer les renards : la chloropicrine.

*

La chloropicrine. Un gaz mortel dérivé du chloroforme. Et qui peut, avec le temps, laisser les mêmes résidus que cette substance… Lorsque je lis ces précisions dans la presse, je me mets à trembler. Je connais ce produit, les chasseurs l'introduisaient dans les terriers des renards et des blaireaux. Il a été interdit à cause de son extrême dangerosité. Je sais qu'il y en a sur le domaine de Saveteux. Jean-Pierre, qui trouvait ce procédé barbare, en avait averti les gardes nationaux, quitte à s'attirer quelques inimitiés de plus…

Les policiers m'appellent pour me demander si je sais quelque chose au sujet de ce produit. Je leur dis tout ce que je sais, non sans culpabiliser. Charger un homme, ce n'est pas « bien ». Mais il s'agit d'homicides volontaires avec préméditation et j'estime qu'il est de mon devoir de dire toute la vérité et de ne rien cacher. Pour en savoir plus, je décide de téléphoner à l'avocate de Jean-Pierre, qui m'a donné son nom dans l'une de ses lettres. Il est temps que je m'entretienne avec elle.

C'est à son cabinet de Sens que je la rencontre la première fois. Elle a beau me recevoir très gentiment, je ne puis m'empêcher de penser que, pour une avocate de la défense, ses propos sont troublants. Elle reconnaît, par exemple, que le dossier de mon mari est accablant. Puis, très vite, elle me questionne. Quel était le comportement de Jean-Pierre, les dernières semaines avant les faits ? M'avait-il vraiment quittée ? Et cette Patricia, qui l'appelait jusqu'à quatorze fois par jour, était-elle ou non sa maîtresse ? Selon mon mari, cette femme le harcelait. Vrai ou faux ?

Aujourd'hui, je dois le reconnaître : je n'ai pas raconté toute la vérité à cette avocate. Crainte ? Méfiance ? Je ne lui ai pas parlé de certains détails que j'évoquerai plus loin dans ces pages. Nul doute que, si elle les avait entendus, j'aurais ajouté à son trouble. Ce jour-là, je me contente de lui dire ma conviction que Jean-Pierre et Patricia étaient amants et qu'à mon avis c'est elle, sciemment ou non, qui l'a fait basculer du mauvais côté. C'est alors mon opinion, et j'espère que le procès d'assises fera éclater la vérité sur ce point.

L'avocate a beau trouver lourdes les charges qui pèsent sur mon époux, elle n'en parle pas moins de lui avec chaleur. À ses yeux, Jean-Pierre est un type assez inoffensif. Comment a-t-il pu se fourrer dans un pareil guêpier ? Si elle-même, qui a lu le dossier, ne sait pas me le dire, comment le pourrais-je ?

Perplexe, je prends congé. Dans le hall, de très nombreux journalistes font le pied de grue. Ils me laissent sortir sans me reconnaître. Tous ignorent que la femme qui passe sous leurs yeux est celle dont ils rêvent d'obtenir une interview, bien en vain. Cela me ferait presque rire si je n'avais pas le cœur en capilotade…

20 heures. De retour chez moi, les mêmes questions me taraudent. Jean-Pierre est-il coupable ou injustement accusé ? Pendant des heures, je ne peux m'empêcher de peser le pour et le contre. Si ce n'est pas lui qui a tué et enseveli Géraldine Giraud et Katia Lherbier, qui aurait pu lui en vouloir au point de commettre un acte aussi barbare, à seule fin de lui faire « porter le chapeau », comme on dit ? D'un autre côté, Jean-Pierre a le profil du coupable idéal. Un type qui passe pour un rustre, mais qui traîne dans les bars avec une femme qui n'est pas la sienne ! Et pour lui faire porter le

chapeau, encore fallait-il le savoir, lui, et connaître aussi Géraldine et Katia. Il fallait aussi tout savoir de ses habitudes et de son emploi du temps ! Et comment Jean-Pierre a-t-il pu récupérer les cartes bancaires des deux jeunes filles ? Pourquoi s'en est-il servi comme s'il avait sciemment cherché à se faire repérer ? À supposer qu'il soit coupable, comment a-t-il pu être assez idiot pour enterrer ses victimes dans son propre jardin, alors qu'il connaît parfaitement la forêt ? Je me souviens que lorsque les policiers ont déterré des cadavres d'enfants dans le jardin de Marc Dutroux, Jean-Pierre s'est mis à hurler :

— Ce type est un parfait idiot ! Si on doit cacher un cadavre, c'est ailleurs que dans son jardin. Sinon, on est sûr de se faire prendre…

Décidément, je n'y comprends rien. Je ne comprends pas non plus le système de défense de mon mari. Je suis bien placée pour savoir, hélas, qu'il en a trop dit ou pas assez. Et cela se retourne contre lui…

Décembre, toujours. Je n'ai plus de nouvelles de Stéphane depuis un bout de temps. Il a publié un article sur l'affaire Giraud dans son hebdomadaire et a cru bon d'y faire figurer la photocopie d'une des lettres de Jean-Pierre, que je lui ai un peu imprudemment confiée. Stéphane ne m'a pas forcé la main, je ne peux donc m'en prendre qu'à moi-même.

Le lendemain de la découverte des deux cadavres, Stéphane et moi étions aussi bouleversés l'un que l'autre. Et la pression médiatique était si pénible ! Depuis, il a presque disparu de ma vie. Jusqu'à son appel, ce soir :

— Marie-Pascale, me dit-il, je voudrais te dire que je suis très gêné vis-à-vis de toi. Jamais je n'aurais dû publier la lettre de ton mari.

— C’est vrai. Mais moi, je te l’ai donnée.

— Peut-être. Mais tout de même. Je te demande pardon. Je suis inexcusable !

Inexcusable ? Non. Je comprends trop bien ce qui s’est passé. Dans certains journaux, c’est le scoop ou la porte. Bien sûr, je n’ai pas apprécié qu’il utilise une lettre que je lui avais confiée. Mais ce mot, « pardon », résonne à mon oreille comme une caresse très douce. C’est un mot magique. C’est la première fois de ma vie que quelqu’un me demande pardon. Le choix est ouvert, les cartes sont dans mes mains. Je peux choisir d’ouvrir les hostilités ou de faire preuve de mansuétude. Je choisis la mansuétude car malgré mes défauts, je ne suis pas une hyène. Je refuse de bâtir mon « bonheur » sur les larmes de qui que ce soit. Je choisis d’agir comme j’aurais tant voulu que l’on agisse avec moi !

Non, Stéphane, je ne t’en veux pas. Ne t’inquiète pas. Je ne poursuivrai pas ton journal en justice. Pour moi, la page est tournée. Tout ce que je te demande, c’est de rester mon ami. Parce que des amis, tu sais, je n’en ai plus beaucoup… Et qu’importe ce qui t’a poussé à me demander pardon. Moi, je t’ai trouvé royal. Ta force et ton courage ont touché mon cœur.

Encore suis-je loin du compte. Autour de moi, le vide s’est fait depuis longtemps. Je ne compte plus les proches qui ont pris leurs distances. Il y a d’abord eu ceux que l’arrestation de Jean-Pierre a choqués. Ensuite, les autres, qui n’ont pas supporté que je ne le soutienne pas. Sans oublier ceux qui ont pris peur que mon malheur les contamine, telle une lèpre. Et plus le temps passe, plus je me retrouve seule. Ma seule consolation, c’est de me dire que tous les amis qui m’ont oubliée ou qui m’ont fait faux bond n’étaient pas de vrais amis. Car c’est dans l’épreuve, et dans l’épreuve seulement, que l'on mesure l'attachement de ses proches... De ce point de vue, le constat est plus qu'accablant.

Mais qu'importe : Stéphane m'a ouvert les yeux, il m'a permis de retrouver ma dignité. De cela, je lui sais gré. Je lui dis simplement ceci : Stéphane, je suis autant coupable que toi de la publication de cette lettre. Ce sera notre secret. Sache seulement que jamais je ne te causerai d'ennuis à ce sujet. Je n'ai aucune intention de profiter de cette situation. Ce serait trop facile...

9

Janvier 2005. Je reçois un appel d'un des policiers chargés de l'enquête. Ai-je reçu des menaces ? Comme je manifeste ma surprise – des menaces ? de qui ? pour quelle raison ? –, il m'explique que Jean-Pierre a laissé sous-entendre au juge d'instruction qu'il se taisait pour protéger sa famille.

— Mais non, je n'ai reçu aucune menace !

Au téléphone, ma voix est claire et décidée. Mais j'ai du mal à maîtriser mon indignation. Sur le moment, j'ai l'intime conviction que mon mari se sert purement et simplement de moi, mais aussi des filles, pour fuir ses responsabilités.

— C'est possible, madame, me répond le policier. Mais au moindre problème, n'hésitez pas à nous appeler !

— D'accord...

19 janvier. Je suis convoquée par la police pour leur raconter par le menu ma vie aux côtés de Jean-Pierre. Les enquêteurs me demandent de rester discrète sur cet entretien. Ils ne m'ont pas adressé de convocation, mais un simple appel téléphonique. Les journalistes, me disent-ils, font feu de tout bois. Inutile de me laisser médiatiser davantage que je n'ai déjà pu le faire, volontairement ou non. Sur ce point,

je suis bien d'accord avec eux. Seule ma chef de service est avertie de mon emploi du temps ce jour-là.

10 heures. Deux inspecteurs m'accueillent aimablement. Le premier à m'adresser la parole est M. Alexandre, celui-là même qui s'est présenté à la maison le 23 novembre 2004. Sous des dehors bourrus, il se montre à nouveau fort sympathique. Le second, plus jeune, ne prend même pas la peine de me donner son nom. Tout de go, ils m'assurent que je ne suis absolument pas suspecte à leurs yeux. Mais ils expriment aussi leurs doutes sur l'innocence de mon mari.

— S'il refuse de parler, il risque la prison à perpétuité !

— Vous en êtes sûrs ?

Un silence. Ils me regardent sans répondre, avec une sorte de commisération. Un silence qui se suffit. Alors, je baisse la tête et commence à répondre du mieux possible à leurs questions.

Ce jour-là, nous passons au crible toute ma vie de couple. Interrogatoire fastidieux, durant lequel j'énumère tous les événements notables de notre histoire. Voulant trop en dire d'un coup, je me perds dans les détails. Les enquêteurs doivent sans cesse me recadrer. De déménagements en changements d'employeurs, notre vie est plutôt compliquée. Ils ne cessent de réclamer des précisions, le nom de nos amis, de nos fréquentations. Il leur faut connaître l'essentiel de notre vie, d'une part pour vérifier si Jean-Pierre dit bien la vérité, d'autre part pour mieux cerner sa personnalité. Pour le reste, on verra plus tard. Je me doute bien, hélas, qu'il ne s'agit que d'une première audition.

Dans la vie, il est des moments où tout bascule. Je ne peux m'empêcher de pleurer en me remémorant cet après-midi : l'un des moments charnières de mon existence. Grâce à leurs questions, j'apprends sur mon mari des détails que j'ignorais. Ainsi, ce dialogue avec le jeune collègue de M. Alexandre, qui s'est absenté un instant :

— J'étais présent quand on a sorti du puisard les corps de Géraldine Giraud et de Katia Lherbier, me dit-il. Votre mari n'a pas bronché. Comme s'il s'attendait à les trouver là. Il savait qu'elles étaient là. Pis encore, il n'a manifesté aucune émotion. Nous étions quatre à le regarder pour déchiffrer ses réactions.

— Mais dans la presse, ils ont écrit que Jean-Pierre a dit : « Le salaud, il les a butées ! »

— Pas du tout. Il n'a rien dit. C'est une invention de journalistes. Il n'a pas cillé. C'était impressionnant.

Ce jeune policier dit-il vrai, ou essaie-t-il de m'influencer ? Dans cette affaire, tout est possible ! Pourtant, j'ai tendance à le croire, lui, plutôt que les journalistes. Après tout, c'est un officier de police assermenté. Pourquoi me mentirait-il ? Et s'il dit vrai, l'attitude de Jean-Pierre me bouleverse. Son absence d'émotion, dans un tel moment, paraît signer sa culpabilité… À quel degré ? Impossible de le dire. Comment croire, s'il est innocent, qu'il n'a rien manifesté ? Un innocent ne regarde pas deux corps martyrisés sortir d'un puisard sans hurler, sans réagir. À sa place, je me serais sans doute évanouie !

— Vous avez raison, madame Treiber, acquiesce M. Alexandre. L'attitude de votre mari est vraiment étrange. Mais dites-moi… êtes-vous sûre de me parler librement ? Vous ou votre famille avez-vous fait l'objet de menaces ? Jean-Pierre Treiber prétend que s'il ne parle pas, c'est pour protéger sa famille.

À cet instant, j'explose :

— Sa famille ? Mais quelle famille ? Ses parents ? Sa maîtresse ? Ou bien nous ? Est-ce qu'il continue de nous considérer, les filles et moi, comme étant sa famille ?

À ces mots, M. Alexandre lève les yeux au ciel. Une mimique de réprobation ? Non. Plutôt d'approbation. Amèrement, j'ajoute :

— De toute façon, Jean-Pierre et moi avons vécu quinze ans ensemble et avons déménagé cinq fois, mais il a toujours gardé pour adresse officielle celle de ses parents. C'est dire s'il nous considérait comme sa famille ! Quand je lui en parlais, il se contentait de me regarder avec un petit sourire en coin. Que pouvais-je lui dire ?

— Madame Treiber, pardonnez-moi de vous poser cette question, reprend M. Alexandre, mais j'ai besoin de savoir… Sexuellement, Jean-Pierre Treiber est-il quelqu'un de.. normal ?

— Mais oui.

15 heures. Le téléphone sonne. C'est l'épouse de M. Alexandre qui voudrait savoir s'il rentrera déjeuner. Leur conversation est si douce, si tendre que j'en ai les larmes aux yeux. Jamais Jean-Pierre ne m'a parlé ainsi. Nous n'avons jamais eu ce type de rapports, affectueux et simples. Et c'est aujourd'hui que je m'en rends compte. J'ai vraiment raté une partie de ma vie…

16 heures. J'ai enfin terminé ma déposition. Je la relis soigneusement avant de la signer. Les policiers me sourient avec prévenance. Je sens que leur attitude a changé depuis le début de l'audition. Quant à moi, je n'ai rien dit d'autre que la vérité.

Entre alors un troisième inspecteur – leur chef, probablement – qui lit à son tour la déposition. Puis il se tourne vers moi :

— Madame Treiber, me dit-il, votre mari ne semble pas avoir été facile au quotidien. Il était très colérique, n'est-ce pas ?

— Oui, c'est sûr…

— Il vous faisait peur ?

— Oui, c'est vrai. Je craignais souvent de le contrarier.

— En fait, il vous terrorisait... Pourquoi ne l'avez-vous pas dit dans votre déposition ?

Je reste sans voix. Bien sûr qu'il me terrorisait, Jean-Pierre. Ses colères étaient si fortes ! Ses rages si impressionnantes ! Mais comment l'exprimer ? Comment avouer que les coups n'étaient jamais très loin ? Si je n'avais pas plié, si je m'étais rebiffée, ils seraient tombés drus. Je les ai évités. Mais la terreur, elle, a été ma compagne fidèle durant toutes ces années. Face à elle, je n'avais qu'une seule arme. Les larmes. Je pleurais de chagrin, certes, mais aussi de révolte, par peur de retourner contre moi la violence qui m'étouffait...

— Savez-vous que votre mari a vu le psychiatre ? me demande encore le policier.

— Ah oui ?

— Et savez-vous quelles sont ses conclusions ?

— Non...

— Selon lui, votre époux serait un psychopathe, manipulateur et pervers. Je pense qu'il a dû vous faire souffrir, madame. Dites-vous bien que nous ne mettons aucunement votre parole en cause et que nous vous considérons comme une victime, ni plus ni moins.

Je bafouille :

— Oui, mais moi, je suis vivante, et elles sont mortes !

Un silence. Soudain bouleversée, j'éclate en sanglots. Pour la première fois depuis une quinzaine d'années, un homme a mis des mots sur mes maux. Je lui ai simplement raconté ma vie. Il ne me traite ni de folle ni de femme fantasque ou immature. Il ne me dit pas que l'échec de mon couple est mon échec. Il me dit simplement que j'ai été malheureuse. Et aussi que, à un degré infiniment moindre que Géraldine Giraud et Katia Lherbier, je suis moi aussi une victime. Mais cela, je ne peux l'admettre. Si mon sort a été difficile, je suis vivante, debout. Pourquoi ces malheureuses jeunes femmes sont-elles mortes ? Pourquoi suis-je encore en vie ?

— Lui seul le sait, conclut l'inspecteur. Quoi qu'il en soit, soyez persuadée que nous n'avons jamais pensé une seconde que vous ayez pu jouer un rôle dans cette histoire. Appelez-nous au moindre problème…

Voilà. C'est fini. Je quitte le bureau. À peine sortie, dans l'escalier qui mène à la porte du commissariat, je fonds de nouveau en larmes. Pourquoi Jean-Pierre ne m'a-t-il pas assassinée au terme de l'une ou l'autre de nos nombreuses disputes ? S'il l'avait fait, il aurait été arrêté et elles seraient encore vivantes, elles. Je préférerais avoir disparu plutôt que de souffrir de la culpabilité qui pèse aujourd'hui sur mes épaules. À cet instant, je me sens très proche de Géraldine Giraud et de Katia Lherbier. Et je me jure de tout faire pour qu'on sache un jour la vérité sur leur dramatique disparition…

*

Fin janvier 2005, le comédien Roland Giraud remercie les habitants de son village de l'Yonne pour leur soutien. Il organise avec sa femme une réunion dans la petite mairie de La Postolle et évoque la mémoire des deux jeunes disparues. « Je tenais absolument à remercier le village qui nous a aidés dans les moments épouvantables que l'on a vécus et que l'on vit toujours. Ma femme et moi, nous n'avons aucune haine. En revanche, il faut que la justice se fasse et que les gens qui ont fait du mal et qui sont nuisibles soient mis hors d'état de nuire. Et croyez bien que nous allons y veiller. »

De son côté, Jean-Pierre Treiber persiste à nier toute implication dans l'assassinat de Géraldine Giraud et de Katia Lherbier. Et s'il est régulièrement entendu par le juge d'instruction, l'affaire ne semble pas bouger d'un pouce.

*

Je viens de recevoir une lettre de Jean-Pierre. Il s'inquiète de ne plus avoir de nouvelles. Je ne lui répondrai pas. En fait, je cherche à couper les ponts avec cet homme qui m'a tant fait souffrir et auquel, en dépit de tout, je reste encore attachée. Pour preuve, la toute récente enquête de *Paris-Match* sur Patricia D., cette femme qui se dit son amie et qui, j'en suis persuadée, était sa maîtresse. Décrite comme une « belle jeune femme élancée », Patricia aurait « fasciné » mon mari. Cette enquête m'a bouleversée. Après quinze ans de mariage, il m'était devenu difficile de susciter pareille fascination auprès de Jean-Pierre. Le soir, en rentrant du travail, je me changeais aussitôt pour faire le ménage et la cuisine. Le week-end, je traînais dans des vêtements « confortables », mais certainement pas élégants, encore moins sexy ! J'imagine que toutes les femmes ne font pas le ménage en tenue de soirée. Mme D., elle, pouvait se présenter toute pomponnée, sortant du coiffeur ou de la manucure... Sur des gens superficiels que fascinent les apparences, cela peut faire de l'effet ! Aujourd'hui, je n'ai qu'un souhait : dire ce que je pense à cette femme qui, selon moi, a brisé l'existence de Jean-Pierre.

— Allô ?

— Bonjour. Marie-Pascale à l'appareil. Je t'appelle pour savoir si tu as des nouvelles de Jean-Pierre.

— Mais non. Pourquoi en aurais-je ?

— Après tout ce qu'il a fait pour toi ?

— Mais Jean-Pierre n'était qu'un ami ! Rien de plus.

— Un ami ? Vraiment ? Franchement, on ne dit pas ça des gens qu'on laisse tomber. Quand on les aime vraiment, on ne les laisse pas tomber !

— Oh, Marie, je n'ai pas à me justifier, pas à toi ! Et puis laisse-moi tranquille ! Je veux oublier tout ça !

— Oublier ? Mais comment pourrais-tu oublier ? Deux jeunes filles ont été assassinées !

— Oui, bien sûr. Mais moi, il faut que ma vie continue. Je dois me reconstruire, tout recommencer à zéro... Et puis, des gens, il en meurt chaque jour. Je ne vois pas pourquoi on fait tout ce cirque pour celles-ci !

Que répondre à quelqu'un qui vous donne à ce point la nausée ? Ces deux jeunes femmes ne sont pas mortes par accident ou de maladie, mais parce que quelqu'un s'en est arrogé le droit. Il s'agit ni plus ni moins d'un homicide avec préméditation. Même si je vais très mal, même si tout s'effondre autour de moi, je ne me sens pas le droit de « faire comme si ». Je veux aider les familles.

Très vite, la banque refuse de me délivrer une nouvelle carte bancaire. Le compte de mon mari est à découvert et je dois d'abord rembourser ses dettes. Il ne s'agit plus d'une trop grosse somme, mais je ne vois pas pour quelle raison je devrais encore payer pour lui. Certes, légalement, je suis toujours sa femme, mais juridiquement je ne suis pas responsable ! Lorsque Jean-Pierre a été interpellé, nous ne vivions plus ensemble depuis longtemps. Pour quelle raison devrais-je éponger ses dettes ?

J'ai beau tenter de me calmer, ma colère ne décline pas. Bien au contraire. Je déteste chaque jour davantage cet homme capable de mettre à mort deux jeunes filles à l'aide d'un terrible poison. Un soir, je reçois l'appel d'un journaliste qui me propose de participer à un plateau de télévision. Je me mets à pleurer sans pouvoir m'arrêter. Entre deux sanglots, je lui lance :

— Je n'ai pas le droit d'accepter ! Ni mes filles ni ma famille ne le supporteraient. Tout ce que je peux vous dire, c'est que je suis désespérée par la mort de Géraldine Giraud et de Katia Lherbier. Je ne les connaissais pas, mais je souffre pour elles et leurs familles. Quelqu'un s'est arrogé le droit de les exécuter, et c'est inadmissible !

Marie,

Après cinq semaines sans nouvelles de toi, j'en suis revenu à me poser toujours la même question, sommes nous vraiment fait l'un pour l'autre ? Pour mémoire : n'oublie pas que je reste près de toi... Nous pourrions envisager des choses ensemble... je pense à toi, ne m'oublies pas... Je t'enverrai des photos... Je t'aime... Tu me manques... ce sont les phrases de tes dernières lettres. Je vous embrasse.

Jean-Pierre

PS : donnes moi quelques nouvelles STP.

Des nouvelles ? Non, je n'en donnerai pas. Cette lettre me révolte. Pourquoi devrais-je tenir mes engagements, et pas lui ? Pourquoi faut-il être correcte avec des gens qui, eux, ne le sont pas ? Aurais-je seulement la force de prendre la plume ? Ce début d'année est décidément trop difficile. Je garde sans cesse à l'esprit Géraldine Giraud et Katia Lherbier, que mon mari a peut-être tuées. Penser à leur mort me rend malade. Je suis horrifiée par le procédé décrit dans de nombreux articles consacrés à la chloropicrine.

On comprendra que je ne dorme plus qu'avec l'aide de médicaments. Le matin, au réveil, j'ai l'esprit totalement embrumé. Il me faut du temps avant de retrouver mes esprits. Du coup, au travail, je multiplie les petites erreurs. Rien de grave. Juste de quoi agacer mes collègues, qui se montrent pourtant très patientes et tolérantes. J'essaie de dissimuler ma douleur, mais elle est si intense qu'elle ne peut que transparaître ! De toute façon, ces temps-ci, rongée par mes soucis, j'ai bien du mal à me montrer de bonne compagnie. Alors je reste seule et tente de travailler du mieux que je peux. Mais j'ai beau faire, je suis hantée. Il y a l'affaire Giraud, bien sûr. Mais aussi l'état de santé de mon père. Nous savions qu'il souffrait d'un cancer, mais à son âge, la maladie n'était pas censée progresser rapidement. Or, en ce début d'année, papa m'avoue que son cancer s'est « réveillé » et évolue très vite. Il ne lui reste plus longtemps à vivre. J'ai bien tenté de dédramatiser, mais il a insisté :

— Allons, ma fille, je suis médecin. Je sais que je ne passerai pas Noël, c'est tout !

Bientôt, il me faudra donc faire le deuil de ce père auquel me liait une affection privilégiée. À la mort de ma mère, il s'est beaucoup rapproché de nous tous. Une épaule de moins sur laquelle m'appuyer… moi qui n'en ai plus beaucoup. Je n'ai pas encore prévenu les filles et j'hésite à le faire. Ni l'une ni l'autre ne vont bien. Pauline est silencieuse et renfermée. Je suppose qu'elle souffre de l'absence de Jean-Pierre, mais aussi, j'en suis persuadée, du terrible soupçon qui pèse sur lui. J'ai bien tenté à plusieurs reprises de lui en parler, mais elle traverse une crise d'adolescence et nous ne communiquons pas sans difficulté.

Quant à Anaïs, qui se plaint sans cesse d'être épuisée, elle souffre de douleurs diffuses et quasi permanentes. Je redoute de plus en plus une récidive de son cancer, et l'on sait bien comment les choses se terminent en pareil cas. Pour en avoir le cœur net, les médecins ont décidé de lui faire subir toute une batterie d'examens : scanners, IRM et bien sûr biopsie. Dans ces moments-là, je trouve le soutien de Stéphane, qui me va droit au cœur. À l'issue des tests, le chirurgien m'annonce que ma fille n'est pas en état de récidive. Nous sommes soulagées, mais il va falloir changer la prothèse d'Anaïs, qui s'est détériorée. Ma petite fille va de nouveau se faire opérer. On ne les compte même plus, ces opérations ! Et pourtant, depuis sa douzième année, elle fait preuve d'un incroyable courage... Avions-nous besoin de vivre, en plus, ce que Jean-Pierre nous impose ? Ma colère envers lui en est encore décuplée. Les malheurs surviennent très bien tout seuls. Inutile de les provoquer.

10

— Maman, j'ai mal…

Retour en arrière. Nous sommes en décembre 1996. À cette époque, comme je travaille en maison de retraite, il est prévu que mes filles passent les fêtes de fin d'année chez mes parents. Anaïs se plaint de plus en plus fréquemment. Elle souffre de la cuisse. Sans doute s'est-elle froissé un muscle : ce petit accident est fréquent chez les sportives de haut niveau. Spécialiste du cross, elle est en effet sélectionnée pour le championnat de France intercollèges. Je suis extrêmement fière d'elle, de son courage, de son endurance, de sa formidable volonté… et de ses longues jambes de gazelle ! Alors, je la console du mieux possible et la soigne avec les médicaments les plus adaptés. Mais chez mes parents, Anaïs a été obligée d'interrompre une partie de luge car elle n'en pouvait plus. Mes sœurs s'en sont aussitôt inquiétées : d'habitude, Anaïs est si dynamique !

Le 26 au soir, la secrétaire de M. Negro nous apprend sa disparition. L'enterrement aura lieu le 31 décembre. Je tiens absolument à lui rendre un dernier hommage. Horriblement triste, je ne sais que pleurer. Il fait très froid en ce jour affreux. Mon cœur, lui aussi, est glacé. Jean-Pierre pleure à grosses larmes et ce grand chagrin nous réunit. Je réalise à quel point sa place est précaire. Les enfants de M. Negro ne sont pas des chasseurs… Ainsi va la vie !

Revenues d'Alsace, les filles ont repris le chemin de l'école. Tout semble rentrer dans l'ordre, mais les douleurs d'Anaïs persistent et s'accentuent de jour en jour. Est-ce dû au fait qu'elle grandit ? Je le pense dans un premier temps. Comment imaginer que ma petite fille si vive, si pleine d'entrain, va tomber gravement malade ?

Et pourtant. Une nuit, elle me réveille en larmes. Elle souffre au point de ne pouvoir dormir. Le haut de sa jambe lui lance… Cette fois, je flaire une complication anormale et décide de consulter un rhumatologue. D'autant qu'Anaïs éprouve de grandes difficultés à manger. Le matin, elle ne peut avaler qu'un sirop de citron.

Cette consultation est pour Anaïs le début d'un long calvaire. Et, pour moi, l'amorce d'un cauchemar. À l'évidence, le cas n'est pas bénin, mais le praticien, dubitatif, n'arrive pas à déterminer de quoi il s'agit exactement. Il prescrit une prise de sang, des radios et, pour faire bonne mesure, une échographie.

27 janvier 1997. Lors de ma pause déjeuner, je reçois un appel du collège. Anaïs ne va pas bien du tout. Je dois venir la chercher au plus vite. Je préviens mes responsables, sans imaginer un instant que plus jamais je ne reviendrai travailler.

À mon arrivée, la petite est en larmes tant elle souffre. Aussitôt, je prends des rendez-vous en urgence. Le soir même, Anaïs passe une échographie. Mais on ne décèle rien. Puis nous prenons rendez-vous pour une radio de la hanche.

— J'espère qu'ils vont finir par trouver quelque chose, me dit-elle. J'ai manqué l'école, et toi, tu as dû t'absenter de ton travail. Si ce n'est rien, papa va être furieux…

Hélas, Jean-Pierre n'aura pas l'occasion de se mettre en colère. Le praticien a un regard étrange, vraiment triste.

Moment fort, intense, empreint d'humanité et de gravité. Les résultats de la radio sont sans appel : une tumeur. Je passe sans transition de l'espoir au désespoir.

21 heures. Notre médecin me téléphone pour m'avertir qu'il a vu les radios et qu'il en a discuté avec ses collègues. Ils sont tous très inquiets. Anaïs doit absolument passer un scanner.

— Allez-y le plus vite possible. Le radiologue est prévenu. Il est à votre disposition.

Un silence. Et il ajoute :

— Madame, je vous avoue franchement que je suis incapable de dire si la tumeur est bénigne ou non. Il faut absolument faire d'autres analyses.

Mardi 31 janvier. Anaïs passe un scanner en urgence, puis nous retournons voir le médecin. Il appelle aussitôt un chirurgien. Rendez-vous est pris pour le lendemain même, à l'hôpital Henri-Mondor.

— Les choses ne doivent pas traîner.

Au moment où je pénètre dans son cabinet, je m'efforce encore de garder espoir. Anaïs a une tumeur, mais les spécialistes eux-mêmes en ignorent la nature. Elle ne peut être gravement malade ! Je dois rester optimiste. Ce jour-là, le médecin ne m'apprend rien de plus concernant l'état de santé d'Anaïs, mais il m'explique qu'il va me délivrer un arrêt de travail d'un mois.

— Comme ça, vous pourrez vous occuper d'elle.

Il ne croit pas si bien dire. L'état de santé d'Anaïs se dégrade chaque jour davantage. Elle est toute pâle, elle souffre, ne mange presque plus et se sent fatiguée. D'ordinaire sans cesse en mouvement, elle reste sagement assise ou allongée la plupart du temps. Elle a perdu toute joie de vivre. Je préviens ma mère qu'Anaïs ne pourra pas venir en Alsace pour les vacances de février.

— Mais enfin, Marie-Pascale, pourquoi Anaïs ne viendrait-elle pas ? Si elle ne se sent pas bien, elle pourra toujours consulter un chiropracteur !

— Un chiropracteur ? Mais enfin, maman, elle souffre d'une tumeur. Tu ne comprends pas ?

Une pause. Ma mère soupire avant de lâcher :

— De toute façon, tu fais toujours ce que tu veux.

— Non, maman, pas comme je veux. Comme je peux. C'est très différent !

Je suis totalement désemparée. À qui confier mes soucis, mes angoisses ? Ma mère se comporte comme elle l'a toujours fait, alternant le mépris et la moquerie. Alors que je suis folle de terreur à l'idée qu'Anaïs souffre vraisemblablement d'une tumeur maligne.

Jeudi 7 février 1997. Suite à une biopsie à l'hôpital Henri-Mondor de Créteil, le verdict tombe. Anaïs, qui doit fêter ses treize ans en juillet, est bien atteinte d'un cancer foudroyant des os. Sa vie de petite fille s'arrête là. Elle doit être hospitalisée d'urgence à l'hôpital Robert-Debré, où les médecins nous annoncent qu'ils vont lui faire subir une chimiothérapie de quatre semaines, avant de l'opérer.

Le médecin-chef de l'hôpital pleure en nous expliquant le déroulement du traitement. J'apprendrai plus tard que les médecins n'ont pas donné trois mois de vie à Anaïs, étant donné la gravité de son mal. Son cancer évoluait de façon foudroyante.

Anaïs a toujours été une battante. Auprès d'elle, je lutte aussi du mieux possible. Je ne me sens aucunement anéantie, mais au contraire incroyablement forte. Comme si quelque chose me portait. Les soignants, dans leur ensemble, sont stupéfaits par le courage et la force vitale de ma fille. Si je n'ai rien fait de remarquable de ma vie, au moins lui aurai-je insufflé cette force, envers et contre tout. Le professeur

Desbois – un homme remarquable dont chacun reconnaît la profonde humanité – me félicite :

— Vous avez une petite fille adorable, intelligente et très mature, bien élevée. Je vous félicite. On sent tout de suite que vous vous en occupez bien.

Ces paroles me vont droit au cœur, moi qui suis habituée à m'entendre dire que je fais tout de travers !

Le proverbe dit : « Plaie d'argent n'est pas mortelle. » Sans doute, mais en cette année 1997, je suis tout de même extrêmement gênée. Pour m'occuper d'Anaïs, j'ai dû cesser de travailler. Je ne perçois que la moitié de mon salaire, et encore, en différé ! En dépit de mes appels répétés aux différents services compétents, l'argent n'est pas débloqué. Une fois encore, de graves soucis matériels s'ajoutent à ma détresse. Je dois me fâcher tout rouge pour que les choses finissent par s'arranger un peu et que l'on daigne me verser ce qui m'est dû. Un combat supplémentaire dont je me serais bien passée.

En mars, Anaïs subit avec un courage exemplaire ses séances de chimiothérapie. Un soir, le chirurgien nous fixe rendez-vous dans son cabinet. Je suis tellement terrifiée que je ne comprends rien à ses explications, si ce n'est que l'intervention sera longue et difficile et qu'il faut nous préparer à livrer ensuite un rude combat. Tout naturellement, je lui réponds que je lui fais une confiance absolue et que je lui donne carte blanche. Jean-Pierre, présent à mes côtés, n'apprécie pas du tout. À peine sortis de l'hôpital, il me le fait durement comprendre.

— T'as rien compris, t'es qu'une idiote. Tu as été ridicule, j'ai eu honte de toi.

En rentrant ce soir-là, je m'en souviens parfaitement, j'ai eu particulièrement froid – mais ce froid glacial provenait de l'intérieur. Je marchais dans la nuit auprès d'un homme qui, dans un moment aussi cruel, ne pensait qu'à une chose : me faire des reproches. Je me sentais si seule que je ne savais plus si c'était la pluie ou les larmes qui mouillaient mes joues. Qu'importe, je me battais pour ma fille, personne n'avait le droit de me juger ! Ma petite condamnée dormait seule dans une chambre d'hôpital, sans que je puisse la rejoindre, et je pleurais à côté de ce type qui me faisait une scène dans une rue obscure. Il était furieux, mais de quoi ? Impossible de le savoir. Comme d'habitude !

Durant les deux mois suivants, je dois reconnaître que Jean-Pierre ne s'est pas trop mal comporté. Ma mère m'appelle alors chaque soir, lorsque je rentre de l'hôpital, mais elle qui a eu sept enfants, tous normaux et en bonne santé, ne cesse de me reprocher de ne pas lui donner de nouvelles d'Anaïs – cette petite qui lutte courageusement contre la mort et que je veille du mieux possible ! Chaque jour, je me rends à l'hôpital Robert-Debré, où je passe la majeure partie de la journée. Une fois rentrée, il me reste à accomplir les tâches ménagères, puis à donner à manger et à boire aux animaux. Je manque vraiment de temps pour appeler ma mère !

Ma grand-mère possédait un colombier dont elle était très fière. Enceinte de six mois, elle perdit cruellement sa fille Lucie, âgée d'à peine trois ans. Elle en fut si triste qu'elle en oublia ses colombes. Toutes moururent, prisonnières de leur cage. De mon côté, en dépit de mon chagrin, il m'est impossible d'« oublier » mes bêtes. Ma mère y voit de la désinvolture : puisque je parviens à penser à mes animaux, c'est que ma douleur n'est pas si profonde ! Alors que je me sens littéralement crucifiée… J'en oublie presque ma petite Pauline, occultée par ma famille – sauf par mon père – et dont Jean-Pierre, comme d'ordinaire, se désintéresse. Je la délaisse et j'en souffre. Heureusement, la plupart des mères de famille du voisinage se sont mobilisées. Grâce à leur soutien, tant bien que mal, je peux pallier mon absence. Je ne leur serai jamais suffisamment reconnaissante de leur solidarité.

4 avril 1997. Un printemps timide pointe son nez sur la France. Mais les jonquilles qui fleurissent dans les champs et les bourgeons vert tendre perlant sur les branches dénudées me laissent indifférente, moi qui suis d'ordinaire si sensible à la beauté de la nature.

Anaïs étant mineure et hospitalisée, je suis autorisée à dormir dans sa chambre, où on m'a installé un lit de camp. Elle est très pâle et très soucieuse. Elle m'a dit :

— Maman, demain soir, je ne serai plus la même personne.

Ma pauvre petite fille, née dans de si terribles circonstances, et à qui je voulais donner la plus heureuse des enfances !

Au petit matin, je l'aide à prendre la douche réglementaire et contemple ses longues jambes, si fines, si jolies. Les médecins m'ont avertie qu'ils allaient devoir tailler dans l'os du bassin avant de poser une prothèse. Anaïs a raison : elle sera une autre personne. Plus jamais elle ne courra. Plus jamais elle ne marchera comme les autres adolescentes. C'est le prix à payer pour survivre – peut-être !

Devant elle, je réussis à contenir mes larmes. Mais à peine l'a-t-on emmenée, couchée sur un brancard et déjà somnolente à cause de la prémédication, que j'éclate en sanglots. Pourquoi Dieu, s'il existe, a-t-il choisi de s'en prendre à mon enfant ? Pourquoi lui infliger autant de souffrances ?

Dans ma détresse, je dois faire face aux appels téléphoniques de mes parents, qui ne cessent de me demander comment se passe l'intervention chirurgicale. Je suis bien en peine de leur répondre. Je n'en ai moi-même aucun écho…

19 heures. Enfin ! Un jeune chef de service sort du bloc opératoire pour m'annoncer que tout se passe bien. On est en train de recoudre la plaie d'Anaïs. Comme prévu, il a fallu amputer entièrement le bassin gauche, la moitié du fémur, et mettre en place une prothèse. Il faut encore attendre le résultat des analyses, mais les choses se présentent bien.

Les trois jours suivants, Anaïs reste en réanimation. Exceptionnellement, on me permet de lui rendre visite. J'habite désormais à l'hôpital et passe mes journées entre la salle de réanimation et une chambre impersonnelle. Le personnel hospitalier se montre formidable avec nous. Je reçois par ailleurs des messages de soutien de tous les habitants de notre petit village ! Les voisins, même les plus éloignés, se montrent à la fois émus, attentionnés et compatissants. Ils s'efforcent de me donner de l'espoir. Mais en dépit de leur gentillesse et de leur compréhension, j'ai bien du mal à surmonter l'épreuve. Les nuits blanches à remuer mes soucis m'épuisent.

Anaïs, elle, est toujours aussi courageuse. Mais elle souffre, malgré les antalgiques. Et surtout, personne ne sait quand, enfin, elle pourra quitter son lit d'hôpital, ni même si elle le quittera un jour ! Moi, sa mère, je ne peux rien faire pour elle.

Juin 1997. Anaïs partage désormais sa chambre avec d'autres enfants atteints du même mal. De petits martyrs qui, comme elle, souffrent terriblement. Au fil du temps, des amitiés se nouent, se défont avec la mort. Car dans le service réservé aux enfants cancéreux, la mort est là, présente à chaque instant. Pourquoi certains petits malades résistent-ils ? Pourquoi d'autres ferment-ils les yeux pour toujours ? Nul ne le sait, pas même les médecins. Anaïs voit ses camarades s'en aller l'un après l'autre. Chaque départ la crucifie. Mais elle résiste. Elle s'accroche. Elle est forte, ma petite fille ! Bien plus forte que moi, peut-être, que chaque décès accable… Pauvres ou riches, ils sont fauchés de la même manière. Quelles que soient leur couleur de peau, leur nationalité ou leur langue, leurs douleurs et leurs larmes sont les mêmes.

Tout le temps que j'ai passé à l'hôpital au chevet de ma fille, nous avons vécu de manière fraternelle avec les autres parents, mais nous avons aussi apporté de l'amour aux autres enfants – à tous ceux que personne ne vient voir et qui souffrent, seuls, en appelant vainement leur mère. Je peux dire que chacun de ces petits a, un peu, été le mien. Je pense en particulier à la meilleure amie d'Anaïs, partie après une longue lutte et qui m'a laissé, avant de fermer les yeux pour toujours, un petit objet que je garde précieusement. J'espère, là où elle est, qu'elle dort en paix avec tous les autres et qu'ils ont oublié leurs souffrances…

Juin 1997, toujours. Il y a l'hôpital, Anaïs et tous les autres enfants malades. Il y a ces trajets quotidiens, mes tâches ménagères, mes nuits blanches ou presque. Et puis il y a Jean-Pierre. Depuis la mort de M. Negro, son emploi est gravement menacé. Le nouveau gérant du domaine lui a proposé de rester garde-chasse, moyennant quelques aménagements : il deviendrait ouvrier agricole à mi-temps. N'importe qui aurait accepté, compte tenu de notre situation et de l'hospitalisation de ma fille. N'importe qui, mais pas Jean-Pierre. La sanction ne se fait pas attendre. Il est purement et simplement licencié. On nous enjoint de quitter la maison avant le mois de janvier 1998.

— Eh bien tant pis ! Ça me fera des vacances !

— Mais où irons-nous si nous sommes expulsés ?

— Ne sois pas idiote ! On n'expulse pas les gens en hiver ! Et de toute façon, les procédures sont très longues.

— On n'expulse pas les locataires ! Mais cette maison, c'était un logement de fonction ! Nous n'avons ni droit ni titre.

— On verra bien.

Derniers mots de Jean-Pierre, au mois d'août, avant de prendre quelques jours de vacances. De mon côté, je demande un entretien avec le gérant et le supplie de nous signer un bail. Ainsi, nous pourrions rester dans notre maison en échange d'un loyer. Mais il se montre intraitable. Il faut partir dans les délais. Faute de quoi, il enverra les huissiers.

Conséquence de ces tourments, je suis prise de terribles douleurs au ventre. Les analyses m'apprennent que je suis enceinte de trois mois. Je ne m'en étais pas rendu compte. Trois jours après, je perds cet enfant. Fille ou garçon ? Je ne le saurai jamais… mais cela vaut mieux ainsi.

11

Incohérences, dénégations, revirements. Selon l'avocate du comédien Roland Giraud, Me Sabine Cordesse, citée par Le Parisien, *Jean-Pierre Treiber n'en finit pas de « s'enferrer dans une stratégie de défense insoutenable ». Toujours selon elle, « il se révèle incapable de fournir son emploi du temps du 1er novembre », date cruciale pour l'enquête puisque c'est celle de la disparition de Géraldine Giraud et de Katia Lherbier. Il persiste à nier « malgré une kyrielle de preuves scientifiques qui le mettent face à une réalité indéniable. Il est temps qu'il réfléchisse à sa défense de façon un peu plus claire et constructive, sinon il risque de desservir sérieusement ses propres intérêts. » De son côté, Me Patricia Crocci, qui assure la défense de Jean-Pierre Treiber, se contente de se faire l'écho de son « innocence ».*

Dans sa cellule de la maison d'arrêt d'Auxerre, Treiber n'a pas accès à la presse écrite, mais il peut regarder la télévision. Au spectacle de reportages le concernant, il se serait montré « surpris par les proportions que prenait l'affaire ».

*

Début 2005. Anaïs va être réopérée afin de changer sa prothèse. Nous espérons qu'elle pourra remarcher presque normalement. Son rêve : courir à nouveau. Mais je sais que cela prendra du temps. J'occuperai donc tous mes congés à l'hôpital, pour lui rendre le séjour moins pénible. Dans cette difficile attente, je m'efforce de rester positive et de garder foi en l'avenir. Ma fille aînée est sortie vivante et victorieuse de bien des épreuves. Je veux croire que, cette fois, le destin ne s'acharnera pas contre elle !

En ce samedi du mois de février, on sonne à la porte. Devant moi, un jeune homme vêtu d'une veste de chasseur. Le regard bleu, les cheveux châtains coupés court, légèrement ondulés, il a l'air plutôt sympathique. Encore un journaliste ? Non.

— Bonjour, je suis détective privé. Je suis mandaté par les familles de Géraldine Giraud et de Katia Lherbier pour mener une enquête. Mes clients estiment que la police piétine. Ils veulent savoir ce qui s'est vraiment passé.

L'enquête piétine ? Tel n'est pas mon avis. Je connais bien les policiers, maintenant. Ils me semblent compétents. En tout cas, ils font tout leur possible.

— Pas selon les familles de Géraldine Giraud et de Katia Lherbier, répète le détective. En tout cas, ce que je peux vous dire, c'est que votre mari est foutu. Quand il sortira de prison, il se fera tuer par un proche des victimes. Certains veulent se venger. Et si ce n'est pas lui qui paie, ça risque d'être vous ou vos enfants. Il faut bien que justice se fasse !

Je suis tellement estomaquée que j'en reste d'abord bouche bée. Puis je finis par répliquer :

— Mais monsieur, je n'ai rien à voir avec toute cette affaire ! Et mes enfants non plus !

— Est-ce que vous croyez que Géraldine et Katia ont mérité ce qu'il leur est arrivé ?

— Bien sûr que non ! Je trouve cela terrible, moi aussi ! Mais je ne comprends pas pourquoi on s'acharne sur moi ! Personne ne m'a mise en cause. Ma vie est transparente !

Un silence. Bouleversée, je regarde cet homme. Me dit-il la vérité ? Les familles de Géraldine Giraud et de Katia Lherbier en veulent-elles à ce point à mes filles et à moi ? Jusqu'à présent, si j'en crois la presse, elles n'ont pas eu un mot déplacé à notre sujet…

— C'est normal, me dit le détective. Mes clients ne vont pas crier leur désir de vengeance sur les toits ! Mais je sais qu'ils ne vont pas en rester là. Votre mari leur a fait terriblement mal. Ils vont répliquer !

Je reste sceptique. Bien sûr, la violence entraîne la violence et, parfois, la douleur aveugle l'esprit. Mais s'en prendre à moi, à mes filles, qui oserait ?

— Excusez-moi, madame. Est-ce que je peux entrer ? Je préfère ne pas continuer à vous parler sur ce pas de porte.

J'hésite. S'il dit vrai, il faut bien que je désamorce la menace qui pèse sur mes filles et sur moi, que je lui raconte la vie que j'ai menée aux côtés de Jean-Pierre. Que je lui fasse comprendre que je suis du côté des victimes. Alors, je le laisse entrer et prépare un café. Et le voilà qui me raconte des choses que personne avant lui, et surtout pas les policiers, ne m'a encore confiées. J'apprends que mon mari et Patricia D., munis des cartes bancaires de Géraldine Giraud et Katia Lherbier, auraient acheté ensemble des couches-culottes, de l'alcool et une quantité impressionnante de préservatifs.

— Il y en avait pour 3 000 euros, m'explique le détective. Et Mme D. se faisait passer pour vous…

— Elle usurpait mon identité ?

— Oui, en quelque sorte…

Un silence. Je tente de contrôler la colère qui me gagne. À cet instant, si je tenais cette Patricia, je l'étranglerais volontiers !

— Comment, vous ne le saviez pas ? lance le détective, à qui ma rage stupéfaite n'a pas échappé.

— Mais non ! Comment l'aurais-je su ?

— Et votre mari, il ne vous a pas donné d'argent, à vous ?

— Ah non ! Il y a longtemps qu'il ne m'en donnait plus ! De toute façon, je suis habituée à ne compter que sur moi. Je travaille. J'ai une paye à la fin du mois…

Une nouvelle pause. Il reprend, en me regardant droit dans les yeux :

— Toute cette affaire me dégoûte. J'ai moi-même des enfants. Je suis choqué par ce qui est arrivé à ces deux jeunes filles. Vous savez que Géraldine Giraud était le « rayon de soleil » de son père. Il est si malheureux à présent !

Que répondre ? Est-ce que je dois répéter, encore une fois, que je ne suis pour rien dans tout cela ? Que je n'ai jamais souhaité aucun mal à personne ? Et que, même dans la misère la plus noire, je n'aurais jamais accepté un centime, sachant qu'il était volé ? Mais il ne me laisse pas le temps de parler et enchaîne :

— À votre avis, qu'est-ce qui a bien pu lui passer par la tête, à votre mari ?

Je suis bien incapable de répondre. Et puis cet homme commence à devenir indiscret. Un détective n'est pas un policier. Que cherche-t-il à me faire dire, à la fin ? Que je crois Jean-Pierre coupable ? Qu'il a commis des actes terribles ? Que je n'arrive pas à tourner la page et que j'en bave ? Je n'en sais rien. Mais le voilà qui poursuit :

— Au fait, saviez-vous que Mme D. a vendu des photos de votre mari à la presse ? Vous en pensez quoi, vous ?

— Elle n'aurait pas dû faire ça ! Vous le savez bien ! On n'a pas le droit de profiter d'une telle affaire pour de l'argent !

— Mais vous, quand vous avez donné des interviews, vous vous êtes fait payer ?

— Jamais de la vie ! J'aurais refusé !

Notre conversation se poursuit un long moment à bâtons rompus. Avant qu'il ne prenne congé, je lui demande de dire aux familles de Géraldine Giraud et de Katia Lherbier que je suis de tout cœur avec elles et que je ferai tout pour les aider.

À peine est-il parti que je compose le numéro du commissariat et demande à parler à l'un des inspecteurs chargés de l'affaire pour l'informer de la visite d'un détective payé par les familles des disparues.

— Cet homme m'a dit que les parents des victimes chercheraient à se venger. Je préfère vous en avertir. Vous voulez ses coordonnées ? Il me les a laissées…

— OK, je les prends et je me renseigne. Merci de nous avoir appelés…

Quelques jours plus tard, les policiers me rappellent : l'homme qui s'est introduit chez moi n'a rien d'un détective. Il s'agirait d'un fou qui idolâtre Géraldine. Comme il restait posté dans sa voiture devant le domicile de Roland Giraud, à La Postolle, la police a dû le déloger.

Incroyable. Mais la vérité, la vraie vérité comme disent les enfants, l'est encore davantage : ce pseudo-détective est en réalité… un journaliste, qui fait paraître dans un grand hebdomadaire l'intégralité de l'interview que je lui « aurais accordée » ! Et le plus fort, c'est que je l'ai déjà éconduit au téléphone !

Dire que je suis furieuse est encore trop faible. Je suis folle de rage. Faisant fi de toute déontologie, l'homme que j'ai reçu m'a bernée, avec quel culot ! Il m'a menti, est entré chez moi par ruse, m'a extorqué des informations que je retrouve dans son article et que je n'avais nullement l'intention de laisser divulguer par voie de presse ! Ces détails, certes, n'ont rien à voir avec l'enquête, mais ils relèvent de ma vie privée. Je me sens trahie. Que faire ? Assigner l'hebdomadaire en justice ? Possible, mais comment faire face à un procès long et coûteux ? Ce serait le pot de terre contre le pot de fer. Et une publicité assurée, puisque les audiences seraient publiques !

Alors ? Faut-il renoncer et se taire ? Attendre l'oubli ? Impossible. J'ai trop peur, chaque fois que je croise un parent, un ami, que l'article en question ne lui ait donné une mauvaise opinion de moi. Même si je ne suis responsable de rien, je me sens salie, brisée au regard des autres. J'ai le sentiment que l'on chuchote sur mon passage, que l'on rit sous cape dans mon dos, que l'on me montre du doigt, que je suis entourée d'un constant mépris. La preuve ? Dans mon quartier, je suis devenue un sujet de discorde. Certains riverains veulent faire une pétition pour exiger mon déménagement. Au travail, ce n'est pas mieux. Certains de mes collègues, je le sais, ne verraient pas ma démission d'un mauvais œil. Après tout, il n'y a pas de fumée sans feu ! Aux yeux de l'administration, je suis entachée de suspicion. N'ai-je pas, contrairement à la déontologie, fréquenté des gens malhonnêtes ? C'est inimaginable, révoltant, ahurissant. Mais quelles que soient ma rage et ma colère, je n'y peux rien. Je dois continuer à vivre aussi normalement que possible, envers et contre tout. Comme je le fais, en somme, depuis tant d'années…

Retour en arrière. Septembre 1997. Après cinq mois passés à l'hôpital, Anaïs est enfin de retour à la maison. Pour moi, c'est à la fois un réel soulagement et une fête, même si son retour pose de gros problèmes pratiques ! Compte tenu de son amputation et de sa prothèse, elle marche très difficilement et est terriblement maigre et affaiblie. Impossible pour elle de retrouver sa chambre, à l'étage. Je l'installe donc dans le salon, m'organise pour veiller sur elle de jour comme de nuit et lui faire toutes les quatre heures les piqûres de morphine qui atténuent ses souffrances.

Jean-Pierre a fini par trouver un nouveau travail qui ne lui plaît pas du tout. Son humeur s'en ressent. Les scènes de ménage se multiplient, d'autant qu'il s'est entiché d'un camarade, ivre plus souvent qu'à son tour, qu'il ramène fréquemment à la maison. La petite Pauline les regarde, l'air mi-navré, mi-fâché, et n'hésite pas, malgré son jeune âge, à faire la morale à son père ! Malheureusement, ni mes supplications ni ses reproches n'atteignent Jean-Pierre. Au contraire. Sous prétexte qu'il est trop malheureux à son travail, il décide, sans m'en parler, de ne plus y retourner. Une fois de plus, il se retrouve sans un sou vaillant, alors que nous sommes à la veille d'une expulsion. Or Anaïs a besoin de soins et de ma présence permanente. En attendant, je ne peux prendre aucun engagement auprès d'un employeur. Folle d'inquiétude, je suis pieds et poings liés, exaspérée par mon mari qui passe sa vie à se balader en forêt ou au bistrot !

Mais j'ai décidé de prendre les choses en main. J'adresse une bonne centaine de candidatures spontanées à tous les entrepreneurs d'espaces verts de l'Yonne où Jean-Pierre est susceptible de vouloir travailler. Et au début du mois de décembre 1998, il finit par retrouver une place et remonter la pente…

Décembre 1998. Dans notre boîte aux lettres, je découvre une convocation au tribunal pour le 16 du même mois. La justice va parfois très vite ! Cette fois, notre expulsion est inexorable. En outre, les enfants de M. Negro exigent une pénalité de cinq cents francs par jour de retard et le paiement des frais de justice. Jean-Pierre ne jugeant pas utile de se déplacer, c'est à moi de me rendre seule au tribunal pour m'expliquer ! Avant de me laisser partir, il me fait toutefois mille recommandations, toutes plus empressées et inutiles les unes que les autres. Quoi que je dise, le juge nous donnera tort, puisque la loi n'est pas pour nous ! La seule chose que je puisse espérer, c'est un délai. Et je souhaite de toutes mes forces qu'il me l'accorde.

Ce jour-là, je crois avoir été persuasive. La magistrate m'a laissée parler sans m'interrompre. À la fin, elle me demande simplement quand nous avons l'intention de partir.

— Quand le traitement de ma fille sera terminé. Je me suis arrangée avec ma mère, nous irons en Alsace où elle met un appartement à disposition de mes filles et de moi.

— Pensez-vous que vous pourriez quitter les lieux le 15 février ?

— Oui…

C'est ainsi que nous quittons le « Jardin des bois » pour retourner vivre à l'endroit où j'ai grandi. Je sais que j'y serai très malheureuse, mais les enfants ont besoin de calme, de tranquillité et de confort. À cette époque, Anaïs pèse trente kilos et mesure 1,66 mètre. Elle ne peut pas s'asseoir sur une chaise sans coussin. Sa maigreur est effrayante. À sa façon, elle est une rescapée…

Quant à moi, à quarante-trois ans, j'ai tout perdu. Je n'ai plus de travail et plus de toit. Je ne suis plus rien. Mon mari m'a terriblement déçue. Au point que, cette fois, je suis bien décidée à le quitter… Saurai-je saisir l'occasion qui s'en présente ?

12

Je suis rentrée chez moi, à Soultz, la veille d'une tempête de neige. J'ai fui comme une voleuse cette maison des bois que j'aimais tant. Je suis partie les larmes aux yeux, dans la solitude et le froid. Seule avec trois chiens et deux chats, tout ce qu'il me restait. J'étais entrée pour la première fois dans cette maison un soir de décembre. J'en pars quelques années plus tard, par un triste jour d'hiver. Avant de la perdre de vue, je me suis arrêtée et je l'ai regardée une dernière fois. Tout, j'ai tout perdu ! Mon chagrin est à la hauteur de l'espoir que j'avais mis dans ce lieu.

Les maisons ont une âme, on s'attache au symbole de sécurité qu'elles représentent. Ce sont des havres, des nids. Quitter le « Jardin des bois », cela signifie tout recommencer. Or je n'en peux plus de recommencer, encore et encore... Je me crois bel et bien perdue pour le bonheur. La honte me tenaille, à quarante-trois ans, de demander l'assistance de mes parents. Mais sans ma famille, que deviendrais-je ? Où irions-nous, mes filles et moi ?

Je retrouve mes filles, arrivées quelques jours avant moi. Le service d'oncologie pédiatrique de l'hôpital Robert-Debré ayant fermé, Anaïs est sortie plus tôt que prévue. Les autres petits malades ont été replacés à l'hôpital Avicenne de

Bobigny. Il n'y a là-bas que neuf lits au lieu de seize et sept enfants sont gravement malades. Anaïs, elle, ressemble à un squelette, mais, sur le plan oncologique, elle va plutôt mieux. Et comme elle est en fin de chimio, elle peut supporter de retrouver son domicile. Mais Dieu qu'elle est triste ! Parmi les sept enfants transférés, certains étaient mourants. Tous ceux-là ont succombé des suites du déménagement. Elle les a connus pour la plupart, et moi aussi. Nous savons toutes deux qu'elle ne les retrouvera pas la prochaine fois. Elle a donc dû leur dire adieu, ainsi qu'à sa meilleure amie.

Le départ d'Anaïs a été si rapide que je n'ai même pas eu le temps d'une entente préalable pour son transport en ambulance. On m'a prévenue à 15 heures qu'elle rentrait à la maison, je n'ai pu qu'appeler l'ambulancier pour qu'il l'emmène en Alsace. Son voyage ne sera donc pas remboursé, mais je me suis arrangée avec le patron de l'ambulance, un brave homme qui m'a permis de le régler en plusieurs fois. Évidemment, je n'en dis rien à mes parents, qui m'accordent une fois de plus le gîte et le couvert.

Ma priorité : trouver de quoi vivre et faire vivre mes filles. Impossible, dans ces conditions, de m'apitoyer longtemps sur mon sort. Il me faut faire le deuil du « Jardin des bois » et de tout le bonheur que j'y ai connu, malgré Jean-Pierre. Heureusement, les filles et moi avons l'immense joie d'être enfin réunies. Comme il est bon de se retrouver dans la chaleur de cette maison de famille que j'aime tant, en sécurité ! Ici, nous sommes sûres d'avoir chaud et de manger à notre faim. C'est déjà beaucoup. Ici, je peux espérer retrouver la force de me battre pour Pauline et Anaïs. Cinq générations de femmes ont vécu dans cette maison hantée d'histoires heureuses ou malheureuses, entourée d'un grand jardin dans lequel nous avons tant couru, tant joué, tant ri. Chacune des pièces me rappelle la mémoire de mes grands-parents, près de qui j'ai grandi. Ma grand-mère, qui m'était très proche, m'y a bercée de milliers d'histoires. Et elle m'a donné tout l'amour dont une petite fille pouvait rêver.

Aujourd'hui, maman et papa occupent cette maison qu'ils ont retapée entièrement. Qu'elle est belle et confortable ! Mais je sais aussi ce qui m'attend, bien décidée à me faire toute petite et à prendre sur moi. À dire vrai, je n'ai pas le choix. Quand bien même, dès le début, je comprends qu'il me faudra passer sous bien des fourches caudines. Si ma mère accepte de nous héberger, c'est uniquement parce qu'Anaïs doit se rétablir. Dès qu'elle ira mieux, il nous faudra partir. Ma présence l'indispose et elle ne se gêne pas pour me dire qu'elle ne m'héberge que « contrainte et forcée ». Mon père, lui, n'a pas voix au chapitre. Alors il ne dit rien et se contente de soutenir sa femme, comme il l'a toujours fait. Je vais donc devoir me taire, subir, plier. Et le soir, dans mon lit, je penserai à ma grand-mère pour me consoler.

Ai-je seulement le choix ? Mon mari ne m'accorde aucun soutien. Si nous sommes dans cette situation, c'est pourtant par sa faute. Aurait-il accepté de devenir ouvrier agricole à mi-temps, nous serions encore au « Jardin des bois ». Seulement, voilà : Jean-Pierre n'a pensé qu'à lui, qu'à son propre plaisir, par pur orgueil. Il était garde-chasse et voulait le rester. Peu lui importait que cela nous coûte notre toit. Comme à son habitude, il a pris sa décision seul, comme si Pauline, Anaïs et moi n'existions pas. Voilà à quoi je pense en affrontant les premiers jours de cohabitation avec ma mère… À cause de lui, de son égoïsme, je me retrouve comme une petite fille. Je retombe en enfance, alors que mon enfance n'a été qu'une suite de traumatismes. Jean-Pierre me fait régresser, redevenir la fillette indisciplinée qui causait tant de tourments à ses parents. Mes frères et sœurs ont bien raison de m'en vouloir. Mes parents aussi, pour qui je suis un fardeau. Les amies de ma mère aussi, qui me méprisent et me regardent avec condescendance. J'ai le sentiment d'avoir tout raté. Alors je courbe le dos et je rase les murs. Et tout ce qui me reste de fierté me sert à retenir mes larmes en public. Mais mon cœur, lui, ne cesse de pleurer.

Il n'y a pas dix jours que nous sommes installées à Soultz et, déjà, un malheur arrive : Anaïs glisse sur le carrelage mouillé de notre cuisine et se casse le fémur de sa jambe opérée. Âgée de quinze ans à peine, elle est atteinte d'ostéoporose, comme les vieilles personnes : un effet secondaire de la chimiothérapie. Notre voisin, chirurgien orthopédiste à l'hôpital de Guebwiller, la fait transporter à l'hôpital. Elle y restera trois semaines. Anaïs prend les choses avec philosophie : ce n'est rien en comparaison des épreuves qu'elle a traversées. Mais lorsqu'elle rentre enfin à la maison, elle doit rester allongée dans un lit médicalisé. Souvent, épuisée, je m'endors à côté d'elle, au pied de son lit.

Dormir. J'ai l'impression de ne faire que cela, comme si j'avais besoin de récupérer mes deux années sans sommeil. Malgré mes parents, je me sens en sécurité. L'oiseau né dans une cage, quand il se retrouve libre, vole en tous sens, comme un fou, sans savoir où se poser. Souvent, s'il ne s'est pas perdu, il revient seul à sa propre prison. C'est un peu mon cas. Alors, dès que je m'allonge, je m'endors comme un bébé. Le sommeil me soigne. Mon père ne manque pas une occasion de me traiter de paresseuse. Et je laisse ma mère jouer les grands-mères gâteau avec Anaïs ! Nourriture, cadeaux, attentions, rien ne lui est compté. Lors de ses fréquentes visites à Anaïs, elle traîne une cohorte d'amies qui regardent d'un air dégoûté un appartement jamais assez propre. Je pourrais m'en offusquer, mais ces femmes qui me toisent m'amusent un peu. Elles n'ont pas mieux réussi que moi. Elles ont simplement eu de la chance. C'est toute la différence, mais elles ne s'en rendent pas compte et ne savent pas l'apprécier. De toute façon, Anaïs en a très vite assez de jouer les bêtes de cirque et demande à ma mère d'arrêter ce défilé.

Quant à moi, je sais bien comment faire pour me sortir de cette ornière, même si je n'ose pas encore formuler ma vision de l'avenir. Mais, comme un soir mon père me demande d'un ton glacial ce que je compte devenir, je lui réponds que je n'ai pas l'intention de baisser les bras.

— Venir chez nous, c'est bien, mais quels sont tes projets ? poursuit-il d'un ton inhabituel, très mondain, blessant, comme s'il s'adressait à une étrangère.

Des projets ? Oui, j'en ai. Mais sa froideur me fait l'effet d'une gifle. Aujourd'hui, avec le recul, je pense qu'il était tout simplement fou d'angoisse. S'il n'y avait pas eu mes filles, toujours prêtes à me soutenir, j'aurais sans doute sombré dans la dépression… Heureusement, Pauline et Anaïs sont là, folles de bonheur de vivre dans cette maison merveilleuse.

— Maman, me dit Anaïs, je sais que tu as toujours été là pour moi. Ne les écoute pas.

Nous sommes trois, nous sommes fortes, nous nous aimons, nous avons décidé d'être hypocrites, de nous taire, d'éviter les esclandres et de ne répondre aux provocations en aucune manière. Pour le moment, nous avons trop besoin d'un toit. Donc, profil bas. Même quand ma mère me dénigre ouvertement devant mes filles. Pauline et Anaïs espèrent que mes parents finiront par changer. Je le souhaite moi aussi, sans trop y croire. Un jour ou l'autre, une dispute éclatera. Ce jour-là, ils nous mettront à la porte. Ils me diront de retourner vivre près de ce brave type de mari, peut-être pas très fin, mais pas méchant pour deux sous. Un homme qui, selon ma mère, est épris de moi et ne veut que mon bonheur.

— Quand même, Marie-Pascale, tu es spéciale. Il ne sait pas quoi faire pour te rendre heureuse. Tu ne le vois donc pas ?

Non, je ne le vois pas. Pas du tout, même. Ainsi, à peine suis-je arrivée que, déjà, une guerre est déclarée, froide et sourde, entre ma mère et moi. Il lui arrive de descendre huit fois en quatre heures pour me surveiller. Au passage, elle inspecte tout mon appartement. Gare à moi si de la vaisselle traîne sur l'évier ! Bien entendu, je lui sers aussi de petite bonne. Elle m'envoie faire ses courses, m'occuper de son linge et bien d'autres choses. Je ne lui laisse aucunement voir mon agacement. Au contraire, je mets un point d'honneur à me montrer gentille et m'efforce, comme je l'ai toujours fait, de lui donner entière satisfaction – autant dire une mission impossible !

Heureusement, je ne compte pas m'attarder. Je vais passer des concours administratifs et les réussir. Lorsque je serai devenue fonctionnaire, je trouverai du travail pour me mettre définitivement à l'abri d'un licenciement. Rien ne peut entamer ma détermination. Je suis bien décidée à travailler jour et nuit pour réussir ces examens dont dépendent ma vie future et celles de mes filles. Ces beaux projets font rire mon père :

— Ma fille, je pense que tu vas réussir ces concours. Je te connais. Quand tu veux quelque chose, tu l'obtiens ! Mais pense un peu à la suite. Quand tu iras travailler, on se moquera de toi, parce que tu es bien trop âgée pour les postes auxquels tu pourras postuler !

Il n'a pas tort, bien sûr. Mais je n'ai pas le choix. Il me faut bien travailler, nourrir mes enfants, ne pas dépendre d'autrui toute ma vie.

— Elle a raison, tranche ma mère, pour une fois de mon côté. C'est tout à son honneur de passer ces concours. Moi, au besoin, je m'occuperai des filles.

12 avril 1999. Je suis convoquée à l'ANPE. On me propose un contrat emploi-solidarité. Ai-je passé de bonnes

vacances ? me demande l'employée, avant de changer de tête lorsque je lui explique en quoi mes vacances ont consisté. Elle me manifeste aussitôt une compassion bien inhabituelle pour moi. N'est-il pas étrange qu'aucun des miens ne se soit jamais demandé si j'ai souffert, si la maladie de ma fille aînée m'a fragilisée, si la perte de ma maison m'a désespérée ? Aux yeux de tous, je suis toujours celle par qui les malheurs arrivent et qui dérange tout le monde !

L'ANPE ne trouve pas mieux pour moi qu'un poste de femme de service hospitalier à mi-temps, à l'hôpital de Guebwiller, là même où Anaïs a été admise. Le chirurgien qui s'est occupé d'elle m'accueille à bras ouverts et me salue d'un grand : « Bonjour, collègue ! » Aucune moquerie de sa part. Il sait que je me bats pour nourrir mes enfants et salue mon courage avec des mots qui me touchent en plein cœur et me mettent les larmes aux yeux.

Peu à peu, je reprends du poil de la bête, même si l'univers hospitalier commence à me peser. Mon travail terminé, j'aide ma mère à bêcher notre petit potager, tâche facile après tous les travaux que j'ai effectués au « Jardin des bois ». Ensuite, je m'occupe de la scolarité d'Anaïs, qui suit des cours par correspondance et dont les professeurs viennent à la maison. Pauline, elle, fréquente l'école communale de Soultz et travaille très bien. Je suis très fière d'elles...

— Tiens... te voilà !

Un mois après notre installation, Jean-Pierre Treiber vient nous rendre visite. Une fois n'est pas coutume, il m'apporte de l'argent. La somme représente à peine un mois de remboursement de nos différentes dettes, mais il crie haut et fort qu'il m'aide du mieux qu'il peut et remplit mes parents d'admiration. Son geste est pourtant loin de le racheter.

Je dois même lui demander de ne pas venir trop souvent car je souhaite prendre mes distances. Mais il n'est pas homme à se laisser dicter sa conduite. Chaque mois, désormais, il arrive à l'improviste, de nuit ou pendant le week-end, avant de repartir aussi discrètement qu'il est venu. Mon père, en rage, ne cesse de pester contre ces façons, avant de conclure, comme tout le monde, que mon mari n'est décidément qu'un homme des bois, un rustre mal dégrossi, mais bien sympathique tout de même. Et il est vrai que Jean-Pierre joue ce rôle à la perfection. Lors des réunions familiales, il joue les timides, ne parle presque pas, ou si peu. Puis il évoque la chasse avec mon père et devient intarissable. Poli, gentil, avenant, c'est lorsque nous nous retrouvons lui et moi que se produit la transformation. Il commence par critiquer ma famille, se moque des uns et des autres. Puis il s'en prend à moi. Et, bien sûr, il trouve toujours quelque chose à redire…

Un week-end, je finis par lui déclarer qu'il n'est pas le bienvenu chez moi. J'ai besoin de prendre du recul. Mon père est là, assis dehors en notre compagnie. Il entend comme moi Jean-Pierre me lancer :

— Si jamais tu me quittes, je ferai tout ce que je peux pour t'enlever les enfants !

Un silence. Devant tant d'aplomb, je ne trouve plus mes mots. C'est mon père qui prend la parole :

— Vous pouvez reprocher à ma fille tout ce que vous voulez, mais pas lui retirer ses enfants. C'est une bonne mère. Ne mêlez pas Pauline et Anaïs à vos querelles. Elles n'y sont pour rien. C'est ridicule !

Silence de Jean-Pierre. Mais moi, je me pose mille questions. Cet homme me fait de plus en plus peur. Le voilà capable, pour me blesser, de me prendre ce que j'ai de plus cher au monde, mes filles ! Lui qui, jusqu'à ce jour, ne leur a manifesté aucune affection particulière…

13

En ce tout début février, la presse pointe du doigt les « contradictions » de Jean-Pierre Treiber. « L'ancien garde-chasse, selon un grand quotidien, aurait de nouveau nié toute implication dans le double meurtre et aurait esquissé son parcours devant le juge d'instruction Michaël Gihr. Un univers centré sur le monde de la chasse et celui de la forêt. Mais le suspect, qui se serait montré "peu bavard", se serait révélé plus complexe qu'un simple "homme des bois". »

Quant aux circonstances dans lesquelles se serait déroulé le drame, elles semblent de plus en plus opaques. Certes, Jean-Pierre Treiber nie avoir jamais possédé de la chloropicrine, ce gaz toxique et mortel qui aurait tué Géraldine Giraud et Katia Lherbier. Mais selon une source proche de l'enquête, les policiers auraient « l'assurance qu'il avait pourtant accès à ce produit ». D'autre part, Jean-Pierre Treiber aurait expliqué avoir rencontré ses victimes présumées dans un bowling de la région, ou, autre version, dans un café de Sens. « Géraldine était fière de ses racines hollandaises », aurait-il expliqué. Or, peu de gens, hormis au sein du giron familial, étaient au courant des origines franco-néerlandaises de la jeune femme. Les policiers de Versailles et de Dijon tentent de savoir comment Treiber s'est procuré toutes ces informations avec, à la clé, une question : combien de temps a-t-il fréquenté Géraldine et Katia avant leur mort ?

*

En cette fin d'hiver, je lis les quelques informations filtrant dans la presse au sujet de mon mari. Mais je vais bientôt en apprendre plus par le magistrat instructeur lui-même, qui a décidé de m'entendre. Il avait l'intention de me convoquer, mais j'ai pris les devants en lui téléphonant. La démarche peut paraître étrange, mais qu'importe !

Un magistrat courtois, mais d'abord plutôt froid. Tel m'apparaît le juge Michaël Gihr. L'homme, que l'on devine brillant et consciencieux, garde visiblement ses distances. Je suis frappée par son apparence petite et fluette. Pas de quoi impressionner mon mari, particulièrement sensible au physique de ses interlocuteurs. Quelles que soient ses compétences professionnelles, que je devine importantes, il aurait mieux valu pour l'enquête que ce juge ait une stature de « pilier de rugby » ou, à tout le moins, qu'il soit « fort en gueule ». Jean-Pierre est de ceux qui ne comprennent pas que l'on puisse se servir de sa seule intelligence…

Michaël Gihr, qui connaît son dossier sur le bout des doigts, a déjà compris que je n'ai rien à voir dans les faits reprochés à mon mari. Il commence par me l'assurer. Ensuite, il extrait de l'épais dossier posé devant lui le procès-verbal rédigé par les policiers qui m'ont entendue et le relit à haute voix. Au fil de cette lecture, il me pose plusieurs questions complémentaires, tandis que le greffier note mes réponses. Puis il me dit :

— Madame Treiber, je vais vous donner connaissance des déclarations faites par votre mari au sujet de sa vie privée.

Et il énumère les noms de certaines maîtresses de Jean-Pierre ! S'il comptait m'étonner, il se trompe. Je les connais toutes et je le lui dis. Je précise même que l'une d'entre elles est morte dans un accident de voiture depuis un bon moment.

— Mais non, pas du tout, rétorque le magistrat. Cette jeune femme est bien vivante. Nous l'avons même entendue !

Un mensonge supplémentaire à mettre sur le compte de mon mari ! Me sentant quelque peu ébranlée, il ajoute en me regardant droit dans les yeux :

— Votre époux nous a également expliqué qu'il avait eu des relations sexuelles avec de nombreuses autres femmes, mais qu'il ne souhaitait pas nous révéler leurs noms parce qu'elles sont mariées. Il ne veut pas briser leur ménage.

Il a parlé d'une voix douce et affable, mais ses mots me font l'effet d'une gifle. J'encaisse le coup en silence, mais je n'en pense pas moins. Quel grand seigneur que ce Jean-Pierre ! Il veille à protéger ces femmes déloyales, alors que, de mon côté, rien ne m'est épargné ! Je le reconnais bien là.

La maladresse involontaire du juge m'apprend que mon mari, dès le début de notre union, non seulement n'a jamais rompu avec ses anciennes maîtresses, mais qu'il me trompait allègrement. Je m'exclame :

— Comment ça ? Il avait des maîtresses alors que nous venions à peine de nous marier ?

Un gouffre s'ouvre devant moi. J'ignorais que Jean-Pierre me trahissait depuis toujours. Tout s'effondre. Comment ai-je pu être aussi aveugle ? Et là, face à ce magistrat que je rencontre pour la première fois, je ne peux m'empêcher d'éclater en sanglots. Ainsi, depuis le début, tout est faux entre nous. Rien, absolument rien n'a jamais été pur et entier dans notre relation. J'ai donc perdu mon temps et entrepris tous ces efforts en vain, pour un homme qui n'a cessé de se moquer de moi… Incapable d'articuler un mot, je suis en larmes… Le juge paraît gêné. M'étant ressaisie, je me tourne vers la lourde armoire métallique qui encombre la pièce. Un peu naïvement, pour tenter de détendre l'atmosphère, je lance :

— Eh bien ! dites donc, vos dossiers sont bien protégés…

— Oui, c'est vrai…

— Vous avez beaucoup de dossiers ?

— Oui. J'ai énormément de travail.

Un silence. Il me regarde fixement. Pour éviter de me remettre à sangloter, je continue d'enchaîner les banalités. Surtout, penser à autre chose qu'à la trahison de Jean-Pierre…

— Calmez-vous, madame Treiber, me dit enfin le magistrat, alors qu'en dépit de tous mes efforts je suis secouée d'une nouvelle crise de larmes.

Puis, sur un ton plus doux :

— Je pense que nous allons en rester là pour aujourd'hui. Au fait, dites-moi, lors de votre entrevue avec les policiers, se sont-ils montrés courtois à votre égard ?

— Oui, bien sûr.

— Tout va bien, alors. Vous pouvez vous en aller…

Un silence. Je respire un grand coup, puis :

— Pardon d'avoir pleuré, mais c'est plus fort que moi. Tout ça me bouleverse. Quand je suis chez moi, j'arrive parfois à oublier. Mais ici, ou chaque fois que paraît un article, qu'un mot est prononcé sur toute cette affaire… ça me bouleverse ! C'est comme une plaie que l'on empêche de cicatriser en l'ouvrant encore et encore… c'est atroce !

L'entretien est terminé. Je prends congé en m'excusant. Je suis tellement déprimée que je songe un instant à jeter ma voiture contre un arbre. Pourquoi continuer à vivre ? Mon mari m'a trahie. Mon nom est étalé partout dans la presse. Même si je ne suis pas soupçonnée, je me sens salie… Je ne l'apprendrai que plus tard, mais tandis que je reprenais ma voiture, le magistrat a appelé les policiers et leur a dit, soucieux :

— J'ai bien peur que cette femme ne tienne pas jusqu'au procès. Elle semble anéantie…

Il a raison. Anéantie, je le suis bel et bien. Et ce n'est pas la première fois. Ma vie passée aux côtés de Jean-Pierre Treiber n'a été qu'une interminable succession de moments de tristesse et de malheurs, entrecoupée de rares, très rares éclaircies.

Mai 2000. Je me sens enfin heureuse. En dépit de tous les obstacles, je viens de réussir le concours d'entrée au Trésor public. Alors que nous étions soixante-neuf mille candidats en lice ! Ma fierté est néanmoins tempérée : je suis inscrite sur une liste d'attente. Et, plutôt que d'espérer qu'un poste vienne à se libérer, ce qui demeure aléatoire, je décide de me représenter au concours. Avec l'expérience, logiquement, je devrais être encore meilleure. D'ici là, pendant mes congés, je m'occupe beaucoup d'Anaïs qui doit subir des contrôles à l'hôpital Avicenne de Bobigny. Et je renoue progressivement avec Jean-Pierre, qui m'a demandé de venir lui rendre visite dans l'Yonne, où il a du travail.

Nous nous retrouvons dans le studio qu'il a loué en centre-ville, tout près du tribunal de Sens. Pour quelle raison ai-je accepté de le revoir, moi qui envisageais sérieusement de divorcer ? Sans doute parce que je suis désespérément fidèle à la parole donnée – ces paroles échangées le jour de notre mariage, lorsque nous nous sommes promis aide et soutien réciproques. Sans parler de l'amour. Alors, mettant de côté mes griefs, j'ai décidé de lui donner une nouvelle chance. Mais lorsque son frère me conduit chez lui, je comprends vite qu'il n'a pas changé. À peine m'a-t-il saluée qu'il se lance dans une diatribe contre les autres locataires de l'immeuble, alors qu'il semble entretenir d'excellentes relations avec ceux qu'il croise…

La suite est plus engageante. Il se montre même charmant à mon égard. Il m'explique qu'il a visité des centaines de maisons pour nous trouver, aux filles et à moi, un nouveau toit. Un rien sceptique, comme je tente d'en savoir davantage, il nous propose de visiter l'une d'elles. C'est une ferme franchement vétuste, qui serait agréable si la bâtisse n'était pas inoccupée depuis une bonne trentaine d'années. Tout est à refaire, de l'électricité à la plomberie, en passant par les volets et les fenêtres. Les murs de la grange attenante sont rongés par le salpêtre. Seul le jardin est sympathique, avec son petit puits et ses rosiers, mais à un mètre à peine de la maison s'étend un champ cultivé de plusieurs hectares : les locataires ou propriétaires éventuels devront supporter les traitements à l'insecticide, sans parler des engrais et des périodes de labour ou de récolte ! Mais rien ne semble de nature à arrêter Jean-Pierre. Bien au contraire, il expose longuement ses projets à son frère.

— Je vais transformer la grange en maison, dit-il. J'y installerai un escalier qui mènera aux chambres du premier étage.

Et ainsi de suite… Malgré son enthousiasme, je ne l'écoute que d'une oreille distraite. Il m'a tant fait de promesses lorsque nous habitions le « Jardin des bois » ! De toute façon, les vastes travaux qu'il envisage risquent de coûter cher. Très cher. D'autant que, contrairement à ce qu'il clame, il n'est pas du tout bricoleur. Et puis, quelle idée d'acheter une maison, alors que nous n'avons pas un sou devant nous ? C'est pure folie !

Mais Jean-Pierre semble absolument décidé à trouver un toit. Après la visite de la ferme, nous nous rendons à Villeneuve-sur-Yonne pour regarder les photos des bâtisses aux vitrines des agences immobilières. Mon beau-frère repère une maison qui pourrait convenir… Je fais discrètement remarquer que la maison est située sur une colline, bien loin de la ville. La route qui y mène est étroite et sinueuse. Comment faire, en hiver, pour emmener les filles à l'école ? Qu'importe, nous voilà partis pour une nouvelle visite !

C'est un pavillon blanc, tout propret. Rien à refaire en apparence, sinon le papier peint. Mais la maison est vraiment petite, composée d'une cuisine minuscule (impossible d'y manger à quatre), de deux étroites chambres de neuf mètres carrés, d'une salle de bains exiguë et d'une salle de séjour d'une quinzaine de mètres carrés. Jean-Pierre n'en a cure.

— Mais neuf mètres carrés, c'est la taille idéale pour un box de cheval, pas pour une chambre d'enfant ! Où mettre un bureau ? Il faut bien que les filles fassent leurs devoirs quelque part ! Et le plafond est trop bas. Impossible de construire une mezzanine… Cette maison est peut-être bien pour deux, mais pas pour quatre ! Et le jardin est en pente, impossible d'y arranger un potager…

— Oui, mais elle me plaît, réplique mon beau-frère.

— Et à moi aussi ! enchaîne Jean-Pierre. Avec quelques travaux, elle sera parfaite ! La vue est très belle.

Le lendemain, évitant d'évoquer la bâtisse, Jean-Pierre me propose une promenade au bord de l'Yonne. Là, il se montre extrêmement prévenant, attentif et amoureux… Un vrai moment de bonheur dont je me dépêche de profiter. Même si je ne trouve toujours pas la maison à mon goût, j'accepte de discuter de son aménagement éventuel. Une fois rentrée à Soultz, j'en parle même à mes parents…

— Mais enfin, Marie-Pascale, lance ma mère, tu ne vas tout de même pas t'endetter pour t'installer dans une maison aussi minuscule ! Les travaux que Jean-Pierre envisage vont coûter très cher. Vous feriez mieux d'acheter un terrain nu et de construire !

Elle a raison. Je le répète à mon mari, qui m'appelle plusieurs fois pour connaître mon avis. Jusqu'au soir où il m'annonce qu'il vient de signer le protocole de vente et me demande de lui donner la moitié de la somme à verser.

— Mais non, il n'en est pas question ! Je n'ai pas d'argent !

— Nous sommes mariés ! Tu es obligée !

— Pas du tout ! Nous sommes mariés sous le régime de la séparation des biens ! Je ne suis pas solidaire de tes dettes !

— Eh bien, c'est ce que nous allons voir !

Seulement voilà, lorsque Jean-Pierre débarque, il n'a aucun compromis de vente en main, pas la moindre facture. Bien entendu, mes parents refusent tout net de lui verser quoi que ce soit.

— Pas de papiers, pas d'argent, lui dit ma mère.

— Mais je suis le mari de votre fille, tout de même ! Vous serez bien contente d'en être débarrassée !

— Peut-être. Mais pas à n'importe quelles conditions. Je vous le répète : pas de papiers, pas d'argent !

Voici venu pour Jean-Pierre le moment de donner la juste mesure de sa personnalité. Il se met à hurler sur ma mère, comme il a si souvent hurlé sur moi. Pour la première fois, mes parents comprennent quel homme il est vraiment.

— Ça suffit, Jean-Pierre ! lance mon père. Tu n'es pas chez toi ici. Non seulement nous ne te devons rien, ma femme et moi, mais nous t'avons déjà suffisamment aidé comme ça !

— Et alors ? C'est normal que vous m'aidiez ! Je m'occupe bien de votre salope de fille et de ses gosses !

« Salope de fille. » Ces mots me font l'effet d'une violente gifle. C'est à peine si j'entends mon père, outré, s'en prendre violemment à Jean-Pierre. Prenant ma défense, il lui ordonne de sortir immédiatement. Je m'étais donc encore fait des idées. Jean-Pierre, si doux et prévenant voici quelques jours encore, donne de nouveau la mesure de sa haine et de son mépris. Comme il quitte la maison en claquant la porte, je me jure de demander le divorce... C'est la première fois que mon père a osé prendre ma défense de manière aussi véhémente, et cela me réchauffe le cœur.

— Ma pauvre petite fille, me dit-il, ton mari a vraiment un très sale caractère !

Décembre 1999. Jean-Pierre est revenu pour Noël, sans se soucier que je lui aie demandé de ne pas reparaître. Comme je le rejette, il prend un air triste et démoralisé, si doux que ma colère s'apaise. Bien sûr, il n'a rien apporté pour les filles, encore moins pour moi. Mais avec son air de chien battu, il me fait pitié. Il reste là, assis, à me regarder sans rien dire. J'en viens à me demander si ce n'est pas moi qui suis en tort, si je ne me suis pas montrée trop cruelle. Je me sens soudain envahie d'un sentiment de profonde culpabilité. Cette culpabilité qui, une fois encore, va m'empêcher de quitter mon mari...

26 décembre. Le vent souffle avec une force incroyable. Le grand sapin planté devant notre maison craque et ploie sous sa violence. Les chiens, qui ont senti qu'une effroyable tempête s'annonce, refusent de sortir. Voyant leur attitude inhabituelle, je préviens tout le monde. On me répond que je suis folle. Un quart d'heure plus tard, un véritable enfer se déchaîne autour de nous. Heureusement, les éléments ne parviennent pas à arracher le toit de la maison ni à briser les arbres qui l'entourent. Le téléphone sonne. C'est l'employeur de Jean-Pierre qui lui demande, toutes affaires cessantes, de venir aider à dégager les arbres tombés en

travers des routes. Dans l'Yonne, la tempête est déjà passée et on évalue les dégâts. Chez nous, le vent souffle encore. Elle a balayé le pays d'ouest en est. Une catastrophe !

Comme Jean-Pierre franchit le seuil, je ressens un léger pincement au cœur. Pourvu qu'il ne lui arrive rien. Il s'est montré si doux durant ces dernières heures… Je saurai plus tard qu'il n'a pas ménagé sa peine pour réparer les dégâts de la « tempête du siècle ». Il a même failli se tuer en tombant dans une eau glacée dont les pompiers l'ont sorti in extremis. Quelques jours plus tard, il a fait un malaise cardiaque suffisamment grave pour qu'on l'envoie en urgence à Nancy, afin d'y être opéré.

— Eh bien, décidément, tu en as des ennuis ! me dit mon père, pour une fois compatissant. Sûrement un peu trop pour une seule et même femme !

14

Ce 1er mars, coup de tonnerre. La tante de Géraldine Giraud, Marie-Christine Van Kempen – qui sera totalement mise hors de cause par la suite – est placée en garde à vue. Selon Le Parisien *du lendemain, « du chloroforme, dérivé de la chloropicrine, poison qui aurait tué les victimes », aurait été découvert à son domicile. Pour quelle raison les enquêteurs se sont-ils intéressés à cette cantatrice un rien « fantaisiste » ? Tout simplement parce qu'ils la soupçonnent d'avoir entretenu de tendres liens avec Katia Lherbier, et que celle-ci lui aurait été « volée » par Géraldine Giraud. Marie-Christine Van Kampen aurait pu se venger en manipulant Jean-Pierre Treiber. Une nouvelle piste s'ouvre : celle d'une passion amoureuse à l'issue tragique. L'hypothèse est séduisante. Elle va être déclinée sous toutes ses formes dans la presse de ce début mars. Mais Mme Van Kampen, remise en liberté au terme de sa garde à vue, nie farouchement les faits dont on la soupçonne. Comme elle nie, également, avoir jamais rencontré Jean-Pierre Treiber…*

*

La tante de Géraldine Giraud a été interpellée et gardée à vue pendant trente et une heures. Je l'apprends comme tout le monde, par la presse. Mon téléphone se remet immédiatement à sonner. Voilà bien le plus affligeant dans cette affaire : au moindre rebondissement, tout le monde croit utile de me demander mon avis, comme si je détenais la clé de l'énigme. Au bout du fil, des journalistes surexcités qui me demandent ce que je pense de tout cela. Eh bien, je n'en pense rien du tout. Je ne connais pas Mme Van Kempen. Que pourrais-je bien en dire ? Mon silence contrarie les journalistes, qui raccrochent tous l'un après l'autre. Furieux…

Plus tard, bien plus tard, je me souviendrai d'un tout petit détail. Il remontera dans ma mémoire comme une bulle d'air à la surface d'un étang. Lentement, de façon inattendue. Ce souvenir, c'est une confidence de Jean-Pierre Treiber. En juillet 2004, alors que je m'étais invitée chez lui un week-end pour tenter une énième fois de recoller les morceaux, il m'a dit qu'il avait « fait la connaissance d'une tante et de sa nièce homosexuelles ». Parlait-il, lorsqu'il a prononcé cette phrase, de Marie-Christine Van Kempen et de sa nièce Géraldine Giraud ? Je n'en sais rien. J'ai aussitôt confié ce détail à la police… En ce mois de mai 2005 ce souvenir est encore enfoui en moi. Et je ne fais nullement le lien entre mon mari et la tante de Géraldine Giraud.

Au journal de 20 heures, il n'est question que de l'interpellation de Marie-Christine Van Kempen. Je regarde les reportages. Mais je reste sur ma faim. Le mystère ne fait qu'épaissir, toute l'affaire reste opaque. Elle ne sert qu'à me faire souffrir. Et puis les journaux. Un grand hebdomadaire évoque l'« affaire Giraud ». Je cours l'acheter avec une angoisse : pourvu qu'on ne cite pas mon nom. Qu'on arrête de me mêler à tout cela ! Comment empêcher les journalistes de parler de moi à chaque détour de cette affaire ? Comment réfuter les mots qu'ils me prêtent et que je n'ai jamais prononcés ? Une fois de plus, une fois encore, j'appelle Stéphane au secours. Il est en vacances avec sa femme et ses enfants. Mais, sentant mon désespoir, il décide d'interrompre ses congés pour me rejoindre.

— De toute façon, me dit-il, je dois rentrer à Paris. Ma rédaction a besoin de moi…

Le jour, je lutte contre les larmes. Mes nuits, elles, sont peuplées de cauchemars. Je me trouve dans l'enceinte d'un tribunal. Jean-Pierre est introduit entre deux gendarmes de petite taille. J'ai peur qu'ils ne soient pas assez forts pour le contenir. Soudain, mes craintes se réalisent. Jean-Pierre se met en colère, une de ces colères dont il a le secret et qui décuplent ses forces pourtant impressionnantes. Le voilà qui bouscule les gendarmes, se dégage et se met à courir comme un fou vers la sortie. Je cours derrière lui, il hurle : « Je t'aime, je t'aime, je t'aime ! » Comme une idiote, je crois que c'est à moi qu'il s'adresse et je suis touchée au cœur. Arrivent des renforts. D'autres gendarmes, plus costauds que les premiers, le rattrapent. Il se débat en hurlant toujours : « Je t'aime, je t'aime ! » Son visage est ensanglanté. J'ai mal pour lui, très mal. On le traite comme une bête. Je dois le défendre. Ils sont en train de lyncher un homme et cet homme, c'est mon mari. Je l'ai aimé… À cet instant, un inconnu m'entraîne au loin pour m'empêcher d'en voir davantage. Nous voici près d'une haie. Derrière, un escalier. Au pied de cet escalier, un banc. Et sur ce banc, une femme. C'est Patricia, qui tient son bébé sur ses genoux.

— Tu n'as pas vu Jean-Pierre ?

Je comprends alors que ce n'est pas à moi, mais à elle que mon mari hurlait son amour. Elle qu'il voulait rejoindre. Elle qui l'attend, assise là… L'inconnu murmure à mon oreille :

— Tu as compris, maintenant ?

Oui, j'ai compris. Et ça fait mal. Je ne compte pas pour Jean-Pierre. Je n'ai jamais compté pour lui…

Je me réveille en sueur. Ce cauchemar revient nuit après nuit. Et quand ce n'est pas lui, ce sont d'autres songes, toujours les mêmes, dans des lieux différents, plus confus, mais toujours mon mari me fait croire qu'il m'aime avant de me rejeter violemment quand je m'élance vers lui. Pourquoi hante-t-il mon sommeil ? L'aimerais-je encore, bien que mis en examen dans cette terrible affaire ? Ou est-ce moi qui ne parviens pas à me défaire des quinze années que je lui ai sacrifiées ? Car j'ai aimé cet homme, non pas celui qu'il était réellement, mais l'image qu'il montrait parfois de lui. Comment ai-je pu me laisser gruger de la sorte, tromper dans tous les sens du terme ? Et dire que tous ceux qui ont connu cette facette de sa personnalité ont été éblouis ! Mince consolation. Ces quinze années passées l'un à côté de l'autre n'ont été qu'efforts déçus, vains combats et inutiles abnégations…

Voilà ce que l'on pense dans ces cas-là : tout ce qu'on a fait n'a servi strictement à rien. De cela, je suis à présent convaincue, moi qui, pendant des années, me suis flagellée et culpabilisée ! Et pourtant, il faut encore faire face, il faut encore se tenir droite et debout, plus qu'il ne faudrait, afin de préserver la seule chose qui vous reste : votre honneur. Je le fais pour mes filles, pour moi aussi, bien décidée à ne plus me laisser abattre et démolir par quiconque. Dans ce combat, je ne suis pas seule. Il y a mes filles, il y a les policiers, et il y a Stéphane. Et même si l'équilibre reste précaire, la force de vie, l'instinct de conservation reprennent le dessus.

Marie,

Il ne se passe pas un seul jour où je ne pense pas à toi et aux filles, je regrette qu'on n'est pas pu se voir le soir où je t'ai téléphoné avant de partir de chez Métier, peut-être que tu m'aurais mieux compris. J'aimerais vraiment que tu me donne de vos nouvelles. Nanou va attaquer son bac je lui souhaite bon courage et je lui tien le pouce, et Pauline où en est elle avec l'école ? J'espère que sa ce passe pas trop mal. Je sais que tu a toujours fait au mieux pour les filles et je ne sais comment te remercier mais ne me laisse pas sans nouvelles.

Je vous embrasse très fort.

Jean-Pierre

Marie,

J'espère que tu vas bien et les filles aussi. Voilà, je ne sais plus quoi te dire je regrettes ton silence, j'espère seulement que d'ici quelques temps l'affaire sera éclaircie et que tu verras par toi-même que tu te trompe et que je suis rester celui que tu as aimer... je ne sais même plus su vous recevez mon courrier. Si Sara[1] *pouvais m'écrire... elle au moins je suis sur qu'elle ne m'a pas oublier.*

Je t'aime malgré tout et je vous embrase.

Jean-Pierre

Marie,

J'ai besoin que tu me donne des nouvelles de toi et des filles, j'ai envie de te voir et de lire tes lettres. J'ai vu le juge. La jalousie te fait dire des choses que tu ne pense pas. Si j'ai aidée la personne que tu déteste tant ce n'était pas par plaisir et surtout il n'y a jamais rien eu d'autre entre elle et moi. J'ai perdu pratiquement 1 an de salaire avec le Bois de la Grange et il n'y a qu'elle en tant que gérante et avec la plainte qu'elle a déposée qui aurait, elle me la promis, put me permettre de récupérer un minimum. Je sais que tout ce qui ce raconte peut te faire du mal et je le regrette beaucoup. Il paraît même que dans le journal il y a eu un article

1. L'une des petites chiennes (*N.d.A.*).

disant que de la prison où je suis, je fais parvenir des cigarettes à Vivan ! Si tu veux divorcer, je voudrais que tu sache que je ne t'en voudrais pas et je ferait en sorte de te faire avoir ce que je te doit. Je voudrais juste que tu me donne des nouvelles de vous écris moi sans utiliser l'ordinateur s'il te plaît et essaye de m'envoyer quelques photos. Comment vont les petites chiennes, elles aussi me manque tu peut pas savoir. Est-ce que Pauline a eu ma lettre ? Dans l'attente de vos nouvelles, embrasse bien les filles pour moi et je te souhaite un bon anniversaire et quoi que tu pense je vous aime toutes les trois très fort. Je t'embrasse.

Jean Pierre

En ce début de printemps 2005, mon mari m'écrit régulièrement. Ses lettres ne lui ressemblent pas. Elles produisent sur moi l'effet inverse de celui qu'il cherche : m'attendrir ! Il se justifie, m'assure de son amour, explique qu'il ne m'a jamais trompée avec Patricia, laisse même entendre que cette femme était un poids pour lui. Vrai ? Faux ? Je suis toujours incapable de le dire. Mais plus le temps passe, plus j'ai le sentiment que nos quinze années de vie commune n'ont été qu'une vaste escroquerie. Je l'aimais. Lui se fichait bien de moi et de mes sentiments. J'étais pour lui une sorte d'objet. Voilà ce que je lui écris dans des lettres dictées par la colère, que je jette aussitôt au panier. Ce que j'ai à lui dire est d'une telle violence ! Comment le recevra-t-il là où il est ? J'ai pourtant un besoin fou de lui dire tout ce que je pense, d'exprimer mon ressentiment et ma rage. Je veux qu'il arrête tout de suite cette comédie stupide à laquelle nous ne croyons ni l'un ni l'autre. Son masque est bel et bien tombé. En persistant dans son mutisme et son refus de dire la vérité, il s'enlise davantage. Désemparée, je demande conseil à mon père.

— Il t'écrit pour se changer les idées, me dit-il. C'est normal. Il tient à tes filles et à toi.

Normal ? Après avoir, comme je le crois, détruit des vies innocentes, plongé deux familles dans un deuil atroce, traîné la sienne dans la boue, le voilà qui me parle de futilités, comme si de rien n'était ! De qui se moque-t-il ? Du juge, assurément. De moi, par la même occasion. Et de tout le reste !

Ce qui me choque le plus ? Qu'il veuille se faire passer pour ce qu'il n'a jamais été : un bon père et un bon mari. Il semble ignorer que j'en sais maintenant assez sur son compte pour l'expulser à jamais de ma vie. J'ai vécu quinze ans dans le mensonge, mais je n'en étais pas consciente. Désormais, j'ai la certitude de ces mensonges, et je refuse de continuer le jeu que l'on m'a fait jouer malgré moi. Et j'ai envie de le crier, de le crier haut et fort, de toute la puissance de ma colère.

Stéphane et les policiers sont les seuls devant qui je déverse ce trop-plein de rage. Ils m'écoutent les yeux écarquillés. Et, loin de me dire que j'exagère, ils sont d'accord avec moi et me soutiennent ! Mais leurs bonnes paroles ne gomment pas cette colère qui ne me lâche plus. Jean-Pierre peut bien m'écrire gentiment, maintenant ! Il peut bien tenter d'effacer le passé ! J'étais sincère, et lui calculait, manigançait, manipulait. Je ne suis pas loin de croire qu'il cherchait à me pousser à bout pour que je le quitte avec fracas et lui permettre de passer, aux yeux du monde, pour le malheureux qui a épousé une folle… Aujourd'hui, il est en prison, accusé d'un double assassinat. Et de quoi me parle-t-il ? Des petites chiennes ! À aucun moment il n'évoque Géraldine Giraud et Katia Lherbier qu'il connaissait pourtant, ainsi qu'il l'a expliqué aux policiers et au magistrat instructeur. Pourquoi leur mort atroce ne lui inspire-t-elle aucun chagrin ? Pourquoi ne m'écrit-il pas : « Tout ça, c'est dégueulasse, je suis innocent, on m'a incarcéré et ces pauvres filles sont mortes ! » À relire ses missives, j'ai l'impression qu'il se contrefiche de cette affaire – à croire qu'elle ne le concerne pas…

Pour en finir, je décide de lui dire une bonne fois pour toutes le fond de ma pensée et lui ordonner de changer de comportement. Je veux qu'il fasse preuve d'humanité face aux familles des victimes. Qu'il dise enfin au juge tout ce qu'il sait. Je lui demande, aussi, ce que le mot « aimer » veut dire pour lui… Au début du mois de mai, je reçois sa réponse.

Marie,

Le bouffon a reçu ta lettre aujourd'hui et puisque tu m'accuse de tout ce qui est arrivé ton jugement est fait ! ce n'est pas la peine de me donner six mois de réflexion. Quand à ce que j'ai pu dire aux filles au sujet de notre couple, je ne pense pas que j'ai pu leurs en dirent plus que toi à mon sujet, de plus quand je discutait avec eux, je crois bien que c'est moi qui atténuait les choses.

Tu sais de toute façon qu'il arrivait que ce soit toit qui te pleigne d'elles ou elles de toi. Je pense que dans tous les couples qui ont des enfants et qui sont plus ou moins séparé ce doit être la même chose sauf que les tords sont pour celui qui est en général le moins présent.

Je n'aime pas beaucoup que tu me fasses la morale là-dessus, prend juste le temps de bien réfléchir à l'heure qui a précéder le moment où le bouffon est venu la première fois chez toi ! à la fois ou le bouffon est venu te chercher dans un lit d'hôpital ! Et si tous les quatre on n'a pas eu toutes les chances dans la vie es-ce que c'est encore la faute du bouffon ?

Je crois que le bouffon a essayer de ce donner à fond dans le travail, sans compter ni ces heures ni sa peine, pour entendre dire constamment que je ne gagnais pas assez d'argent au point que même les filles finissaient par me le reprocher ! et pourtant le bouffon a toujours fait qu'en plus de son salaire sa famille a un toit ! Quand le bouffon s'est mis à travailler pour le Bois de la grange ne me dit pas aujourd'hui que tu n'était pas d'accord, ce n'est que quelques mois plus tard que tu a changer d'avis. Mais je ne pouvais plus reculer et sa tu le sais, j'ai espéré jusqu'au bout qu'on y arriveraient.

Malheureusement la suite tu la connais. Le travail chez Metier ne me déplaisait pas au contraire mais la situation de l'entreprise ne lui permet pas de me donner un bon salaire. Aussi un jour lors d'une conversation avec Géraldine sur des problèmes de la vie et des couples elle ma fait part de certaine confidence et moi aussi je lui est raconter les différente situation qui me sont arrivés, et le jour où elle m'a proposé de faire un boulot moyennant un bon coup de pouce financier de plus sur une courte période je peu te dire que je n'ai pas hésiter longtemps. Pour moi, c'était la solution d'une situation qui m'était devenue pénible, entre le travail qui ne me permettait pas de rentrer chez moi comme je le voulais, les nuits passer dans la voiture, les appels à longueur de journée et les lamentations de Patricia, même les conditions de vie des chiens chez les Metier me fâchait.

Je n'ai ni tuer ni enterré personne et si j'ai des craintes pour ma familles, c'est tant que je ne saurais pas pourquoi on a fait ça et qui a fait ça, mais toi tu ne veux pas le comprendre.

Tu ne comprends pas d'avantage combien je souffre d'avoir vu ces corps chez moi, le regard de toutes ces personnes qui étaient présentes, jamais je ne pourrais l'oublier. Et toi tout ce que tu trouves à me dire quand je te demande des nouvelles, c'est d'aller voir un Psy ! que je ne vous aime pas ! Alors prend les décisions qui s'imposent comme tu dit et n'attend pas la fin de l'ultimatum que tu a donné au bouffon !

Je vous embrasse.

Jean-Pierre

De la colère. Voilà ce que je ressens en achevant cette lettre. Bien sûr, Jean-Pierre m'assure de son innocence. Il évoque, pour la première fois dans l'un de ses courriers, ses relations avec Géraldine Giraud. Mais quel « boulot » lui a-t-elle exactement proposé ? Impossible de le deviner. Impossible de savoir s'il se confie ou s'il peaufine sa défense, puisqu'il sait que nos lettres sont lues par le juge. Pour le reste, il m'accuse de tous les maux, comme il l'a si souvent fait par le passé… Quant à ce terme de « bouffon », qu'il affecte de me prêter, ce n'est pas celui que j'utiliserais spontanément pour qualifier l'être que je méprise.

Retour en arrière. Nous sommes au mois de mai 2000. Ma mère apprend qu'elle souffre d'un cancer du pancréas, avec des métastases au foie. D'après les médecins, il ne lui reste tout au plus que trois mois à vivre. Elle si robuste, que nous voyions tous centenaire ! Elle si dynamique va partir avant papa, pourtant plus fragile… Quand elle rentre de l'hôpital, amaigrie, elle est encore belle, quoique très pâle, voire cireuse. Et nous qui riions en lui parlant des dix kilos qu'elle a perdus ! Ces fameux dix kilos en trop, qu'elle s'évertuait à perdre ! Elle aussi sourit, c'est une femme courageuse. Mais bientôt, elle se recroqueville, se concentre sur sa maladie, qu'elle n'accepte pas, et me mène une vie impossible. Elle me traite comme si j'avais fait quelque chose de très mal. Dans un premier temps, je me plie et tâche de l'aider, mais la situation devient vite insupportable. Ses exigences sont extravagantes, comme si la maladie exacerbait tous ses défauts. Quel dommage, nous qui nous nous entendions si bien depuis le début de l'année. Nos conflits paraissaient oubliés, notre vie était agréable… Hélas, le bonheur ne dure jamais. La vie ne laisse aucun répit.

Je suis à tel point bouleversée que je finis par appeler Jean-Pierre pour lui demander si nous pouvons, les filles et moi, revenir habiter avec lui. Il acquiesce sans réfléchir. Une preuve de son amour ? Je veux alors le croire. Quand bien même, quelques jours plus tard, il me rappelle pour poser des conditions à notre venue : me comporter correctement, ne pas contrecarrer ses plans, le laisser libre d'aller et venir, mais surtout arrêter de dépenser l'argent à tort et à travers comme je l'ai toujours fait ! Par la même occasion, il me rappelle que je ne suis pas un modèle et que j'ai commis dans ma vie des erreurs suffisamment grosses pour ne pas prétendre donner mon avis ni imposer ma façon de voir ! N'est-il pas le meilleur des hommes ? Ne m'a-t-il pas acceptée telle que j'étais, avec mon enfant ?

Que je ne suis pas un ange, je le sais bien. Mais ai-je encore le choix ? Je n'ai nulle part où aller, deux enfants et pas de travail… C'est ainsi que je quitte définitivement la maison de mon enfance. Au cours des quelques mois que je viens d'y passer, j'ai compris bien des choses sur moi-même et sur mes parents. Et ce savoir me rend plus forte et plus sereine.

15

Juillet 2000. Jean-Pierre et moi reprenons la vie commune à Saveteux, un lieu-dit à deux kilomètres du Châtelet-en-Brie, où il a trouvé un nouvel emploi de garde-forestier. Notre maison s'élève au bord d'une route peu passante, mais les rares voitures ne s'embarrassent pas de la limitation de vitesse à 50 km/h ! À nous de faire très attention aux deux petites chiennes, si nous ne voulons pas qu'elles soient écrasées.

Lorsque nous sommes arrivées, mon mari m'a accueillie avec une joie qui ne paraissait pas feinte. Il m'a expliqué que son nouvel employeur, qui a fait des pieds et des mains pour l'embaucher, l'apprécie énormément. Ce qui est faux, comme je l'apprendrai plus tard : c'est exactement le contraire qui s'est produit ! Sur le moment, j'y crois, car j'ai vraiment besoin de repartir du bon pied et suis prête pour cela à passer sur beaucoup de choses.

De son côté, Jean-Pierre admet qu'il s'est parfois trompé et jure qu'il fera tout, désormais, pour ne pas répéter ses erreurs. Il a des projets d'avenir auxquels je ne crois qu'à moitié : je lui en ai connu mille autres par le passé, aucun n'a jamais abouti. Mais sa bonne volonté fait plaisir à voir, venant d'un homme qui n'a jamais reconnu aucune de ses erreurs et ne s'est jamais excusé de rien. Pour ne pas le mettre en colère, je m'abstiens donc de tout commentaire. Je ne parle plus, je ne me bats plus, je le laisse dégoiser, sans pouvoir m'empêcher de penser qu'il était naïf de croire que chacun peut changer du tout au tout, comme je l'ai fait moi-même après la naissance d'Anaïs. Jean-Pierre n'a-t-il donc rien compris ? N'a-t-il tiré aucune leçon ? À l'entendre, il me faut tout, tout de suite, je suis trop exigeante, pour ne pas dire capricieuse. Ce n'est pas lui, mais moi qui entreprends sans jamais rien achever. Je reconnais là sa politique habituelle : l'attaque en guise de défense et le renversement des reproches. Habile stratégie, déstabilisatrice à l'extrême !

En ce mois de juillet 2000, jurant que l'on ne m'y reprendra plus, je suis bien décidée à être sur mes gardes, à ne plus me laisser faire et surtout à ne plus nous embarquer dans des dépenses aussi stupides qu'imprévisibles. Jean-Pierre doit d'abord me prouver qu'il est digne de confiance. Je ne mets pas en doute son envie de réussir, mais je le place en observation ! Et puis, il prétend m'aimer, or ne dit-on pas que l'amour soulève des montagnes ? Je ne demande qu'à voir ! Plus prosaïquement, j'entreprends de remettre notre nouvelle maison en état, en commençant par changer les papiers peints.

Une semaine à peine après mon installation à Saveteux, je reçois une lettre du Trésor public. On vient de m'attribuer un poste ! Enfin un emploi stable. Le bonheur ! Décidément, tout va mieux. Jusqu'à ce que le propriétaire du restaurant Le Bois de la Grange, juste à côté de notre maison, décide de nous inviter à manger. Jean-Pierre ne cesse de me faire des remarques sur ma manière de me tenir à table. À bout, j'éclate en sanglots.

— Alors tu recommences ! Je me demande bien pourquoi je suis revenue vers toi ! Quoi que je fasse, j'ai toujours tout faux ! Si je demande une carafe d'eau, tu me reproches de trop boire d'eau. Si je veux du vin, tu me dis que je ne dois pas boire de vin. Qu'est-ce que je dois faire, à la fin ?

— Rien ! Tu ne dois rien faire ! Moi aussi, je me demande pourquoi j'ai accepté que tu reviennes !

Tout se dégrade brutalement. Oubliant ses belles résolutions, Jean-Pierre me laisse remettre en état la maison toute seule. Il proteste parce que j'arrache un papier peint qu'il croit en bon état, me donne des ordres quand j'entreprends de gratter les murs et de passer la première couche de peinture, finit par prendre un pinceau mais le lâche immédiatement parce qu'il a « mal à la tête » – migraine qui ne l'empêche pas d'avaler tous les soirs de solides rasades de whisky-coca chez nos voisins…

Nous en sommes là quand mon père me demande de venir chercher les filles, restées chez leurs grands-parents en attendant que j'aie achevé les travaux. J'aurai bientôt terminé : il ne reste que notre chambre à refaire. Jean-Pierre me jure qu'à mon retour, tout sera prêt. Impatiente de revoir mes deux puces qui me manquent terriblement, je pars pour l'Alsace. À mon arrivée, je comprends qu'un nouveau drame couve.

— Ta mère est couchée, me dit mon père. Elle veut te voir. Elle a des choses à te dire.

Anxieuse, je me précipite dans la chambre de maman, que je trouve allongée sur son lit, la mine très fatiguée. À côté d'elle se trouve un prêtre qui fait mine de partir, mais qu'elle retient d'un geste de la main avant de se tourner vers moi :

— J'ai deux choses à te dire.

— Je t'écoute, maman.

— Tu es ma fille. Mais je maudis le jour où tu es née. Tu es une mauvaise fille. Tu sais que je vais mourir, je ne sais pas ce que tu en penses, mais je vais te dire ce que, moi, je pense de toi. Tu ne m'as apporté que des tourments et des soucis. Même quand tu as habité chez nous à Soultz, tu as trouvé le moyen de nous mettre dans l'embarras.

Un silence. Ma mère retombe sur son oreiller. Épuisée. Moi, je tente de reprendre mes esprits.

— Marie-Pascale ?

Ma mère se redresse. Elle me regarde de nouveau :

— J'ai dit que j'avais deux choses à te dire. Je n'en ai dit qu'une seule.

— Oui, maman.

— C'est au sujet d'Anaïs.

À cet instant, le prêtre lui prend la main. C'est touchant de les voir ainsi, tous les deux. Le jeune homme de Dieu et la vieille dame mourante. Ce prêtre est le fils qu'elle aurait aimé. Si brillant, si intelligent, si sage.

— C'est à cause d'Anaïs que j'ai un cancer, poursuit ma mère. Je n'ai pas supporté de la voir si malade. Ça m'a démolie. Pas toi, visiblement ! Tu as eu des enfants sans réfléchir. Comme une égoïste. Pour te faire plaisir !

Si je n'avais pas eu d'enfants, ma mère ne serait pas mourante. Le message est on ne peut plus clair. Que répondre à cette femme qui me regarde avec les yeux du reproche ? Je n'en sais rien. Tout cela me paraît si dur, si injuste ! J'ai eu Anaïs dans des conditions très difficiles, c'est vrai. Mais ensuite, j'ai rencontré Jean-Pierre et pendant de longues, très longues années, je me suis efforcée de tenir la barre. Pour quelle raison, aujourd'hui, ma mère me maudit-elle ? Pourquoi me chasse-t-elle de son lit de mort ? Pourquoi crie-t-elle qu'elle ne veut plus me voir ?

— Je te souhaite d'être malheureuse et de payer tout le mal que tu m'as fait ! me crie-t-elle. Tu ne mérites que cela !

Je sors de la chambre, anéantie. Mon père est là, derrière la porte. L'air navré. Du mieux qu'il peut, il tente de me consoler. Je balbutie que je comprends, qu'il ne doit pas s'en faire. Je le remercie. Puis je m'en vais, comme une zombie.

Je viens de voir ma mère pour la dernière fois. Nous nous sommes quittées sur des mots très durs, sans pardon, sans réconciliation. Aujourd'hui encore, j'ai mal de savoir qu'elle me tenait pour responsable de ses souffrances. Une raison de plus de me sentir coupable…

Mais je n'ai pas le temps de m'apitoyer sur moi-même. À Saveteux, la vie continue. La saison de chasse commence. On me demande d'aider mon mari. Je dois travailler tout le week-end, du vendredi après-midi au dimanche en milieu d'après-midi. Je me couche tard. Je me lève tôt. Je dois laisser mes filles seules. De surcroît, je rencontre des problèmes avec la femme de l'employeur de Jean-Pierre, qui me parle très mal mais que Jean-Pierre apprécie. Je dois donc subir sa condescendance et son mépris. Motif supplémentaire de disputes toujours plus violentes. Sous ses sarcasmes, je m'énerve jusqu'à l'hystérie. Pour me calmer, Jean-Pierre me gifle si fort que je tombe et casse mes lunettes. Ce jour-là, je crois avoir atteint le fond. J'ignore encore qu'on peut tomber plus bas…

Septembre. Je suis allée faire des courses avec mes filles. Nous rentrons un peu tard et déchargeons la voiture. Jean-Pierre est là, qui nous attendait. Il déteste nous savoir parties. Mais surtout, il a faim. Campé dans l'embrasure de la porte, il nous empêche d'entrer dans la salle de séjour et nous observe sans rien dire, visiblement excédé. Je sens qu'un écart de langage suffirait à le mettre hors de lui et tâche de faire comprendre aux filles qu'il va falloir faire profil bas. Il se met à bougonner qu'il a faim. Anaïs lui lance :

— Au lieu de rester planté là, tu pourrais nous aider ! Ça irait plus vite !

— Mais dis donc, pour qui est-ce que tu te prends ?

Jean-Pierre est furieux, mais ma fille aînée n'a pas l'intention de se laisser faire. Il la tance vertement, elle réplique avec fermeté. Très vite, le ton monte. Comme elle passe devant lui, appuyée sur la canne anglaise qui l'aide à se déplacer, Jean-Pierre l'empoigne au niveau du cathéter qui permet de lui administrer son traitement. L'a-t-il fait exprès ? Anaïs hurle de douleur. Insuffisant pour arrêter mon mari. À son expression, je devine qu'il va la frapper. Très vite, je m'interpose, le supplie d'arrêter et, dans le même temps, ordonne à Anaïs de s'enfermer dans sa chambre. Pauline se met à hurler, elle aussi a compris que la soirée sera terrible. Toujours hors de lui, Jean-Pierre suit Anaïs, s'approche d'elle à la toucher, la saisit aux épaules et se met à la secouer comme un prunier.

— Lâche-la ! Je te dis de la lâcher !

Cette fois, c'est moi qui hurle. Mes cris ne semblent pas l'atteindre, pourtant il lâche Anaïs. Mais sa colère n'est pas encore retombée. Pour se soulager, il donne un grand coup de poing dans une petite vitrine, brisant net le verre et se coupant profondément, ce qui a l'effet magique de le calmer. Et le voilà qui se met à pleurnicher sur sa coupure :

— Vous voyez ce que vous m'avez fait ? dit-il en tendant sa main ensanglantée. C'est votre faute !

— Notre faute ? Mais tu n'avais qu'à pas casser la vitrine ! Et puis, je te préviens : si tu recommences ce que tu viens de faire, j'appelle les gendarmes. Tu as compris ?

Février 2001. Les choses continuent d'aller cahin-caha. Malgré toutes ses promesses, Jean-Pierre est resté le même. Hâbleur, fort en gueule, dépensier. Ma Clio jaune commence à montrer des signes de fatigue. J'envisage de la changer, mais notre situation est trop précaire et je n'ai pas encore commencé mon stage au Trésor. Si elle venait à rendre l'âme, je sais que je ne pourrais pas emprunter. Malgré mes suppliques, Jean-Pierre, qui est un excellent conducteur, fait tout pour l'esquinter et roule comme un fou sur les chemins de terre. Je vois bien qu'il le fait exprès ! Il s'en sert pour livrer du bois et je suis obligée, pour la préserver, de lui en interdire gentiment l'usage. Lui se contente de rire !

Je commence mon stage à Noisiel début février. Entrer dans l'administration est pour moi une merveilleuse opportunité. Je suis très heureuse et mes filles aussi. Après mes cours en matinée, je rentre à la maison vers 14 heures. Un jeudi, alors que je me gare sur le parking, Jean-Pierre est là, qui m'attend et m'annonce tout de go qu'un drame s'est produit à La Glazière. Un assassinat. Il me demande comment s'appelle la copine d'Anaïs.

— Priscilla ?

— Oui, me dit-il, c'est bien elle.

Et il court en informer tous ses copains de bistrot.

Ce fait divers nous plonge dans l'horreur. Nous avons vécu des morts d'enfants, mais celle-ci nous laisse ébranlées. L'avant-veille des vacances, le chauffeur du bus scolaire a découvert un corps ensanglanté au bord de la petite route menant jusqu'à une ferme isolée, baptisée La Glazière. Ce corps est celui de Priscilla, la collégienne qu'il vient chercher tous les jours. La gamine a été lardée de cinquante et un coups de couteau. Priscilla était une des nombreuses amies d'Anaïs. Plus d'une fois, elle lui a confié sa peur de vivre dans une ferme isolée, seule du matin au soir. J'avais même proposé qu'elle vienne passer les vacances chez nous. Elle est morte avant.

Une véritable panique s'empare du Châtelet-en-Brie et des environs. Un tueur d'enfant est en liberté, quelque part. Qui dit qu'il ne va pas récidiver ? Les villageois sont terrorisés. Pour ma part, je m'interroge. L'homme qui a assassiné Priscilla ne peut pas être un rôdeur, comme se l'imaginent les gens affolés. Pourquoi un rôdeur se serait-il retrouvé à 6 h 30 à cet endroit très isolé ? Les rôdeurs ne se promènent pas de si bon matin, l'hiver, en pleine nuit. La ferme se distingue mal de la route, a fortiori dans l'obscurité. On n'y va pas par hasard. Un rôdeur pouvait-il savoir qu'il n'y avait dans cette ferme, entre 6 h 30 et 7 h 30, qu'une fillette de quatorze ans et demi, seule avec son petit caniche noir ? Un rôdeur pouvait-il savoir que, l'ouvrier agricole n'arrivant qu'à 8 heures, il disposait d'une heure pour agir ? Les enquêteurs, suivant le même raisonnement, interpellent très vite un ami de la famille, qui passe aux aveux. Priscilla est morte sous les coups d'un garçon boulanger qu'elle connaissait bien. Ses dehors sympathiques dissimulaient un fou meurtrier et un obsédé sexuel. Priscilla est morte d'avoir été trop jolie.

La mort. Elle semble rôder autour de nous, en ces mois difficiles. En avril, maman ferme les yeux pour toujours. Coïncidence terrible, elle est enterrée le jour de mon anniversaire. Il fait beau. Je ne suis plus et ne serai plus jamais la fille de personne. Je suis une adulte, définitivement. La prochaine sur la liste de la camarde, ce sera moi… Maman en vie, elle me préservait de cette peur, tel un garde-fou. J'ai bien envie de pleurer, mais elle est partie sans se réconcilier.

Maman a toujours voulu vendre la maison de son enfance. Elle ne voulait pas nous la laisser. Nous avons tenté de l'en dissuader de toutes nos forces. Cette maison symbolisait nos racines, elle était notre havre. Elle a pourtant exigé de mon père qu'il respecte sa volonté. Il a obéi, la mort dans l'âme, répartissant entre ses enfants la part d'héritage qui leur revenait. Nous avons vidé la maison de mon enfance le 11 septembre 2001. Il y a des dates qui ne s'oublient pas. Pour moi, celle-ci représente l'écroulement de mon enfance. Je ne reverrai plus jamais la maison.

Les jours passent. Je travaille au Trésor public. Les filles vont à l'école. Jean-Pierre fait son travail de forestier, vend du bois de chauffage pour le compte de son patron et va au bistrot. Parfois, pris d'une tristesse subite, il se met à pleurer et prétend qu'il mourra bientôt. J'essaie de le consoler et de le rassurer.

Je me sens mal dans cette maison où nous n'avons aucune intimité. Les clients viennent frapper au carreau, même le dimanche, pour acheter du bois. Je dois les servir alors que ce n'est pas mon rôle. Je n'en obtiens d'ailleurs aucune reconnaissance de qui que ce soit.

En 2002, pour la première fois de ma vie, j'ai de l'argent. Un réconfort, mais aussi un chagrin, car cet argent représente mon déracinement : indépendante, je n'aurai plus jamais de havre où me réfugier. Je me sens apatride et pleure la perte de la maison familiale comme celle d'un être cher !

Pour la première fois, ma santé laisse à désirer. Je dois me faire opérer en urgence. L'intervention se déroule bien, mais les suites opératoires sont difficiles et je manque succomber à une septicémie. Papa s'inquiète et me gronde : j'ai présumé de mes forces, il est bien placé pour savoir qu'aucune opération n'est jamais bénigne. Jean-Pierre, lui, s'en soucie comme d'une guigne : il me dit constamment de me secouer et de me bouger.

En juillet 2002, je décide de partir en vacances en famille, priant de tout mon cœur pour que tout se passe bien. Jean-Pierre s'ennuie copieusement. Les conditions étaient pourtant réunies pour être heureux et passer de bons moments !

16

Près de six mois ont passé depuis la découverte des corps de Géraldine Giraud et Katia Lherbier. Jean-Pierre Treiber continue de nier farouchement sa culpabilité. Mais, aux dires de la presse, les enquêteurs disposent d'un nouvel élément jugé « solide » : la découverte d'une trace d'ADN masculin sur le rouleau de scotch qui pourrait avoir servi à bâillonner les victimes. Ce rouleau aurait été saisi au domicile du principal suspect. Reste à attribuer cet ADN. Les policiers vont donc « procéder à une série d'interpellations de toutes les personnes identifiées dans le dossier pour retrouver une empreinte génétique compatible ». Dans le même temps, l'enquête sur Marie-Christine Van Kampen se poursuit. Selon la presse, cependant, il n'existe « aucun lien entre la tante de Géraldine et Treiber : tous deux disent qu'ils ne se connaissent pas ». Les enquêteurs ne disposent donc à ce jour que d'un seul suspect : Jean-Pierre Treiber, arrêté en possession des cartes bleues des victimes et mis en examen pour « enlèvements, séquestrations et assassinats ». L'« homme des bois » continue de soutenir sa version des faits : Katia et Géraldine lui auraient « elles-mêmes remis leurs cartes de crédit » avant d'organiser leur propre disparition…

*

Juin 2005. Les jours se suivent et rien ne s'arrange. Anaïs a dû être réopérée plusieurs fois à l'hôpital Henri-Mondor, dont nous disons en riant qu'il est devenu notre maison de vacances. Après deux mois d'hospitalisation, elle passe l'été dans un centre de rééducation. Un vrai calvaire pour cette jeune fille de vingt et un ans. Quant à mon père, il vient de m'apprendre qu'il a fait un infarctus. Il a failli mourir et je n'en ai rien su… Inquiète et triste, je vais passer quelques jours chez lui, en Alsace. Il m'apparaît nerveux, tendu. Au soir de sa vie, il s'interroge. A-t-il été un bon mari ? Un bon père ? A-t-il convenablement réglé les choses après la mort de maman ? Je tente de le rassurer. Je lui rappelle toutes les belles choses qu'il a vécues avec ma mère et la chance qu'il a d'avoir de beaux souvenirs. Cela semble le consoler.

À Mulhouse, chez mon père, les heures passent, entre confidences et gestes tous simples : la préparation des repas, quelques promenades, la tenue de la maison. Une routine qui m'apaise un peu, mais qui ne me permet pas d'oublier la terrible affaire dans laquelle Jean-Pierre est impliqué. Elle me rattrape d'ailleurs dès mon retour. Stéphane souhaite me parler. J'accepte avec plaisir de déjeuner avec lui au restaurant. Et c'est au cours de ce repas qu'il me demande de participer à l'émission de M6, « Secrets d'actualité »…

Mon entourage me reproche encore d'avoir accepté cette proposition. Cela me laisse froide. Je ne rêvais aucunement de passer à la télévision ou de faire l'intéressante. Simplement, j'ai estimé que c'était une émission sérieuse, qui cherchait la vérité, réalisée par des journalistes consciencieux et intègres. Et puis, je pensais que mon témoignage pourrait peut-être toucher Jean-Pierre, autorisé à titre exceptionnel à regarder l'émission dans sa cellule. Nous avions tous l'espoir de produire en lui un électrochoc. J'espérais qu'en m'écoutant, il comprendrait enfin son devoir : dire tout ce qu'il savait sur la mort de Géraldine et de Katia…

L'émission est diffusée au mois d'octobre suivant. Je la regarde seule. Mon père, qui agonise à l'hôpital, ne la verra donc jamais. Il me l'aurait furieusement reproché. De la demi-heure d'interview qui a été tournée, seules surnagent deux petites phrases. Deux phrases qui font réagir Jean-Pierre. Mais pas comme je l'espérais ! Je reçois de lui une lettre mécontente, profondément décevante.

Chère Marie

Nous voici en octobre, un dimanche avec un beau soleil et pourtant je suis triste d'être là, d'autant plus que tu ne ma toujours pas donnée de tes nouvelles, j'en suis réduit à te voir sur M6 !... j'espère que tu a bien regardé les séquences que vous avez sélectionnées... Je n'ai peut-être pas été doué pour l'affection, mais ce dont je suis sûr c'est que ça ne mérite pas que tu me laisse sans nouvelle, et que tu donnes les lettres que je t'envoie aux journalistes ! J'ai vu le juge et il n'apprécie pas non plus ce genre d'émission au milieu de l'enquête, il faudrait aussi que tu lui fasse une nouvelle demande si toutefois tu veut encore me voir. Pauline m'a envoyer une lettre très gentille elle a eu une bonne note en anglais et elle était très contente, elle ma aussi donné des nouvelles de Nanou, a-t-elle eu son bac ? et comment va sa santé ? J'ai appris avec tristesse que ton père est à l'hôpital et que sa n'allait pas fort. Tu comprend je pense que c'est dur d'être sans nouvelles des siens. Ici le temps passe au jour le jour j'ai changé de cellule, je profite un peu plus du soleil et sa me rapproche de l'atelier ou je travail. Voilà, j'espère qu'un jour nous auront l'occasion de faire la paix et que tu me jugera sous un angle différend. Gros bisous à Nanou, gros câlin à Sara et à la petite. Je t'embrasse,

Jean-Pierre

Je suis désappointée. J'espérais tant que mon intervention télévisée débouche sur quelque chose ! Pour ne rien arranger, il semble que j'aie contrarié le juge d'instruction, que j'estime beaucoup, et cela me navre. Je me jure de ne jamais renouveler cette expérience malheureuse… encore un serment que je ne tiendrai pas, incapable de résister au désir que l'une ou l'autre de mes déclarations télévisées puisse infléchir l'attitude d'un mari qui, au fil du temps, continue de m'assurer de son amour. Voilà pourtant de longues, très longues années que nous sommes séparés, et pas seulement par les barreaux d'une prison. Il est déjà très loin, le temps où je m'installais à Saveteux, dans l'espoir de reconstruire quelque chose de solide avec lui… Mais on ne bâtit rien sur des mensonges. Les dés étaient pipés, je ne l'ai compris que trop tard !

Papa décède en novembre. Ma tristesse est immense. Une page se tourne à tout jamais… Malgré toutes nos divergences, je garderai le souvenir de son gentil sourire et de ses beaux yeux bleus et rieurs.

Retour en arrière. Début février 2003, en rentrant un soir du travail, j'aperçois Jean-Pierre sur le parking, en grande conversation avec un homme à queue-de-cheval. C'est le nouveau responsable du Bois de la Grange, dont les anciens gérants, des gens charmants que j'aimais bien, ont dû mettre la clé sous la porte.

De ce jour, mon mari va passer toute sa vie avec ce François V., un fort en gueule qui l'attire comme un aimant. À tel point que son patron doit lui remettre les pendules à l'heure, car il utilise la voiture de l'entreprise pour rendre service à ce personnage haut en couleur. Mais Jean-Pierre est flatté que son nouvel ami ne cesse de l'appeler et de le solliciter. Il faut dire que François et sa compagne mènent ce qui s'appelle la « grande vie ». Ils sortent tous les soirs et entraînent

Jean-Pierre dans leurs équipées, dans le but invoqué d'attirer les noceurs des bars de Fontainebleau aux soirées du Bois de la Grange. Ils nous y invitent d'ailleurs gentiment, avec les filles, et nous nous y amusons bien. Mais les week-ends sont courts. Le dimanche, je dors et ne trouve même plus le temps de lire. La fête, c'est chouette, mais pas tout le temps ! Spontanément, les filles et moi prenons nos distances avec la fine équipe du Bois de la Grange.

Dans un premier temps, je laisse faire Jean-Pierre, amusée de le savoir heureux et joyeux comme il l'a rarement été. Sans compter qu'il fait preuve à notre égard d'une gentillesse et d'une prévenance inconnues. Nous ne le reconnaissons plus ! En revanche, je pressens que ce rythme de vie le fatiguera vite, surtout s'il continue de travailler dur toute la journée. Car il part tous les soirs vers 20 heures pour ne rentrer qu'à 6 heures et reprendre le travail à 8 heures !

Ce régime dure tout de même quelques mois. Et puis, en juillet, alors que nous nous apprêtons à partir fêter les quatre-vingts ans de mon père, quelque chose me met la puce à l'oreille. J'apprends que les bons amis de Jean-Pierre, qui avaient promis de le dédommager pour ses services, sont partis se reposer quelques jours à la mer. Nous ne verrons donc pas la couleur de leur argent. Je comprends aussitôt qu'ils sont infréquentables et qu'il va falloir nous protéger d'eux. Je me risque à en parler à mon mari, avec qui je crois alors avoir d'excellents rapports. Erreur ! Jean-Pierre se rebiffe et m'accuse d'être jalouse de ses amis !

Un jour d'août, il m'expose leur projet d'acheter une boîte de nuit à Blandy-les-Tours, dont il serait le gérant. Le voyant subjugué par ces gens, et me rappelant les avanies que son manque de réalisme nous a values, je ne pense qu'à la survie de ma famille et cours annuler la procuration que je lui ai donnée sur mon compte. Je n'ai même pas besoin de l'en informer : lui et ses compères l'apprennent par eux-mêmes quelques jours plus tard.

Les hostilités sont ouvertes. À cause de moi, ils ne peuvent plus acheter cette boîte de nuit ! Moi, je doute fort qu'ils aient jamais eu l'intention de me dédommager de mon « investissement ». Et je me flatte d'avoir eu de mauvaises fréquentations dans ma jeunesse : elles m'ont au moins appris à repérer les gens malhonnêtes et à me défendre d'eux.

Me voici donc la cible des moqueries, foudres et vexations des nouveaux amis de Jean-Pierre, qui les laisse faire et les approuve. De ce jour, je cesse pratiquement de le voir et de pouvoir lui parler. Lorsque, par extraordinaire, il reparaît à la maison, dans les cinq minutes son téléphone sonne : on l'exige quelque part, il est obligé de repartir aussitôt. Ce manège est d'ailleurs si fréquent qu'il ne peut être le fruit du hasard : on cherche manifestement à nous séparer, et même à nous déloger.

Je suis si mal à l'aise en présence des fréquentations de Jean-Pierre que j'en ai des nausées. Ces gens sont laids et vils, avec moi et de façon générale. Ils se moquent ouvertement des pauvres gens. Je me sens blessée et salie de les fréquenter. Ils sont exactement le contraire de ce que j'aime et respecte. Ma décision est prise : je dois couper les ponts, brutalement et sans état d'âme !

Un soir, je surprends une conversation téléphonique. Mon mari annonce à ses amis qu'il va donner sa démission et se consacrer entièrement à leur affaire.

— De toute façon, explique-t-il, je m'en fiche. Marie-Pascale travaille, je n'ai pas besoin d'argent !

J'interviens sèchement : je refuse de laisser des gens profiter indirectement de mon travail ! Puis, désemparée et pressentant un malheur imminent, je me confie à mon père.

— Ton mari est fou, complètement fou, me dit-il. Pars, fuis, va-t'en !

Il a raison. Mais je ne veux pas partir sans l'annoncer à Jean-Pierre, dans l'espoir de provoquer un électrochoc. Voici sa réponse :

— Tant mieux ! De toute façon, je hais tout ce que tu aimes, je hais tout ce que tu es, tu n'es bien qu'une sale Juive, je te l'ai toujours dit ! C'est ça, vous êtes des sales Juifs !

Et de donner sa démission sur-le-champ, au grand bonheur de ses amis qui se voient déjà mettre en location notre logement de service. Songe de courte durée ! Notre propriétaire, qui est également celui du Bois de la Grange, leur rappelle qu'avant de devenir eux-mêmes bailleurs, ils feraient mieux de payer leurs loyers en retard ! Scandalisé, il vient même me trouver pour s'excuser d'avoir fait entrer des loups dans la bergerie et d'être, bien involontairement, la cause de tant de tracas. J'avais donc vu juste : nos nuisibles voisins sont tombés sur un os !

En mars 2004, par une chance extraordinaire, je déniche une petite maison toute neuve à louer. J'y emménage presque aussitôt, abandonnant sans déplaisir ces trois larrons à leur sort et bien décidée à ne plus entendre parler d'eux. Et puis, j'ai cette autre chance de pouvoir compter sur des soutiens inattendus et sur l'appui moral de collègues qui se révèlent de vrais amis. Mon père, surtout, m'offre des trésors de bonté et de sollicitude. Quelle chance inouïe de le redécouvrir enfin et d'être sûre de son amour !

Cependant, je suis littéralement brisée par ces mois de violences verbales et profondément déçue par le comportement de mon mari. En outre, je meurs d'angoisse à l'idée de devoir tout affronter seule. Je ne m'en sens ni la force ni le courage ; j'ai peur de ne pouvoir joindre les deux bouts, d'être incapable d'apporter à mes filles ce dont elles ont besoin. Mille craintes me taraudent. Si bien qu'à peine installées dans notre nouvelle maison, ma fille cadette, Pauline, tente de s'ouvrir les veines. Elle est aussi bouleversée que moi et ne supporte pas de me voir désespérée. Mes tentatives de dialogue avec elle sont si maladroites et si peu convaincantes que je ne parviens qu'à l'enfoncer davantage. Jean-Pierre, de son côté, lui rend visite à l'hôpital, mais refuse d'en profiter pour me voir et ne veut m'en donner aucune explication.

Un soir, pourtant, il décide de nous rendre visite sans crier gare, prétextant le désir de voir sa fille. Son cher François, me confie-t-il à cette occasion, est derrière les barreaux. Il a chargé Jean-Pierre de s'occuper de sa femme, Patricia. Or, si je l'en crois, François aurait pris de l'argent sur un compte de Patricia. Et cet argent a disparu. Avec l'aide de Jean-Pierre, elle compte bien le récupérer. Elle lui en a d'ailleurs promis la moitié.

— Elle a besoin de moi, me dit-il. Elle est au bord du suicide. Si tu la voyais, la pauvre… elle a encore maigri !

— N'exagère pas, elle n'a jamais été grasse ! Et puis, qu'est-ce qui te prouve qu'elle ne ment pas ? Elle te fait ce cinéma parce qu'elle a peur que tu l'accuses de t'avoir fait trimer pour rien, voilà tout ! Et elle le paierait très cher ! Toute cette histoire n'est qu'un leurre destiné à t'empêcher de porter plainte. Moi, à ta place, je ne me gênerais pas !

— Je ne peux pas faire ça. Elle serait condamnée elle aussi, alors qu'elle n'y est pour rien.

— Comment ça, pour rien ?

— François a profité d'elle. On s'est fait avoir tous les deux, si tu préfères !

— Écoute, ce n'est pas tellement l'impression qu'elle donnait… Elle semblait plutôt bien s'amuser !

— Oh ! je sais bien que tu ne l'aimes pas…

— Ça n'a rien à voir. Je vois les choses comme elles sont, crois-moi ! Je veux bien t'aider, si tu me promets que tu laisses tomber cette affaire. Et maintenant, écoute-moi : porte plainte contre Patricia, puisqu'elle est la gérante. Tu ne lui dois rien. Aujourd'hui, elle te fait miroiter de l'argent, mais elle ne tiendra jamais parole. D'ailleurs, quelle garantie t'a-t-elle donnée ? Tu dois retourner vivre à Château, trouver un travail et tout oublier. Arrête de mener cette vie malsaine. Tu vas te démolir sans rien obtenir. Je veux bien t'aider, toi, mais pas elle. Tu as compris ?

Je voudrais tellement qu'il ouvre enfin les yeux sur la réalité de cette pseudo-amitié ! En gage de ma sincérité, je lui prête 2 000 euros en échange de cette promesse. Je vois parfaitement qu'il est un jouet entre leurs mains, que François et Patricia ont décidé de se distraire. Mes filles, quant à elles, le soupçonnent d'être amoureux de Patricia. Je ne suis moi-même pas loin de le penser, mais je voudrais surtout qu'il se détache de cette femme. La promenade en forêt que je lui propose ensuite ne lui fait aucun effet. Il ne semble plus reconnaître le chant des oiseaux, prétend ignorer le nom des plantes. Il est méconnaissable, si différent aujourd'hui de celui que j'ai aimé et épousé. Il me suit sur le sentier en regardant par terre et en traînant les pieds. Jean-Pierre est devenu une ombre.

Juillet 2004. J'ai accepté d'aller passer un week-end chez Jean-Pierre, qui a trouvé un travail à mi-temps. Il faut un début à tout ! Je veux y voir une preuve de bonne volonté. À peine arrivée, il me faut remonter dans la voiture parce qu'il n'a rien prévu pour déjeuner. Il m'emmène au restaurant. C'est là, dans un petit établissement de Sens, que j'ai avec lui une conversation pour le moins étrange. Comme je lui demande une fois de plus de reprendre sa vie en main et de chercher un vrai travail à plein temps, il me lance d'un ton sec :

— Le travail, c'est fini. J'en ai assez d'être pris pour un con par les patrons !

— Arrête ! Le seul qui t'ait vraiment pris pour un con, comme tu dis, c'est François !

— C'est ta faute !

— Comment ça ?

— C'est toi qui l'as invité à venir prendre un café chez nous. C'est comme ça que tout a commencé !

— Inviter quelqu'un à prendre un café, ça n'engage à rien !

— Finalement, tu n'es pas meilleure que les autres femmes !

— Certainement. Je n'ai jamais dit le contraire.

— Je sais très bien que si tu ne me poursuis pas pour non-paiement de pension alimentaire, c'est parce que je n'ai pas d'argent. Sinon tu n'hésiterais pas ! Comme les autres ! Tu es comme les autres, vous êtes toutes les mêmes, finalement.

— Ah oui ? Comment sais-tu ça, toi ?

— Oui, je crois ça. Tu es comme toutes les autres. D'ailleurs, je vais te dire : si un jour tu m'emmerdes, eh bien, je disparaîtrai ! Tu ne me retrouveras jamais ! De toute façon, je ne t'aime pas, je ne t'ai jamais aimée…

Il s'arrête, fait une petite grimace et reprend :

— En fait, je crois que je n'aime personne.

Un silence. Puis, de manière très inattendue :

— Tu sais, je connais deux femmes, elles sont tante et nièce et elles sont homosexuelles. Elles sont très belles, elles ont de la classe. Pas comme toi !

De qui parle-t-il ? De Géraldine Giraud et Marie-Christine Van Kempen ? Peut-être. Mais à l'époque, ces noms ne me disent rien. Et je ne comprends absolument pas où il veut en venir. Façon de changer de conversation ? Agacée, je lâche :

— Est-ce que tu vas t'arrêter ?

— Non ! Je crois que je deviens fou…

Un silence. Et il ajoute, comme dégrisé :

— Pardon. Je t'ai fait de la peine ?

Oui, il m'a fait de la peine. Mais ce qui me chagrine plus encore, c'est que l'homme qui est devant moi est un étranger en plein délire. Il est tellement bizarre que je suis gagnée par un sentiment de peur. Je ne reconnais plus du tout Jean-Pierre. Plus d'un an qu'il est privé de sommeil, qu'il boit trop, qu'il mange mal. La vie qu'il mène l'a rendu fou. Je regrette de n'avoir pas pris ma voiture : je serais déjà loin. Au lieu de quoi, je dois attendre qu'il me ramène. Alors je me fais toute petite, pour ne pas l'énerver plus qu'il n'est. Mais, surprise : comme nous quittons le restaurant, il me prend tout contre lui et se fait très câlin. Je suis terriblement mal à l'aise : Jean-Pierre ne m'a pas habituée à cela !

Suite à cet étrange week-end, Jean-Pierre me rend de nouveau plusieurs visites. Chaque fois, il arrive très tard le soir, l'air totalement éreinté, admettant qu'il manque cruellement de sommeil. Il se montre à la fois très gentil et comme soulagé d'avoir un endroit où se reposer. À l'entendre, il va s'acheter une nouvelle voiture, une berline plus grande et plus puissante. Comme je lui fais remarquer qu'il n'en a pas les moyens, il se défend et prétend qu'il en a besoin. Il lui faut désormais « ce qu'il y a de mieux ». Je crois entendre son égérie !

Une nuit de septembre, alors que je dors à poings fermés, il toque à la porte de ma chambre. Je le fais entrer.

— Marie, je n'arrive pas à dormir.

— Tu as des soucis ?

— Ce n'est pas ça…

Un silence. Puis :

— Je me suis foutu dans une de ces m…

— Comment ça ?

Comme il ne répond pas, j'enchaîne :

— Quoi que tu aies fait, arrête tout !

Il semble réfléchir. Puis ajoute, comme à regret :

— Non, je ne peux pas. Je suis allé trop loin. Je ne peux plus reculer, maintenant. J'ai promis.

— Tu as promis quoi ?

Cette fois, je suis vraiment inquiète.

— Écoute, laisse tomber Patricia. Après tout, tu ne lui dois rien. Et si ce que tu as promis te cause autant de tracas, c'est que ça doit être moche. Ne le fais pas.

— C'est pas aussi simple. Si je la laisse…

— Oui, je sais, elle va se suicider. Mais ouvre les yeux ! Tu sais bien qu'elle ne le fera pas…

Discussion édifiante. A-t-elle un lien avec l'affaire Giraud, dans laquelle il sera impliqué ? Impossible de l'affirmer. L'avenir, et surtout ses juges, diront si ces propos désignaient Géraldine Giraud et Katia Lherbier. Pour le moment, une seule chose est certaine : il projette quelque chose. À preuve, cet appel de Patricia, une nuit, chez moi, à 2 heures du matin. Leur conversation dure longtemps. De ma chambre, je n'entends que des bribes de dialogue.

— Oui, dit-il. D'accord.

Puis :

— Je le ferai.

De quoi ont-ils parlé ? Jean-Pierre refuse de me le dire. Je trouve qu'il faut être méchamment gonflée pour appeler en pleine nuit un homme qui doit travailler le lendemain, et se prétendre son amie ! Mais mon opinion ne compte pas : le chien aboie, la caravane passe !

Quelques jours plus tard, je vois Jean-Pierre revenir, au comble de l'épuisement, et me dire en s'esclaffant :

— Tu sais, il va arriver quelque chose dont tu vas entendre parler, ça c'est sûr.

Puis, très gai :

— Ça, pour sûr, tu vas en entendre parler ! Tout le monde en entendra parler ! Ma pauvre ! Tu sais, je t'en fais voir ! Enfin, au moins, tu ne pourras pas dire qu'avec moi tu t'ennuies…

— Mais de quoi est-ce que tu parles ? Est-ce que ça a un rapport avec ce qui te torturait l'autre nuit ?

— Oui, mais j'ai réfléchi et je ne reculerai pas. Tu le sauras en temps et en heure !

Et de rire de plus belle…

22 octobre 2004. Jean-Pierre a perdu son portable. Très énervé, il vient emprunter le mien. Il me l'arrache carrément des mains, exigeant que je lui en explique le fonctionnement.

— Dis donc, lui lance Anaïs, tu peux baisser d'un ton ? Maman te rend service. Et puis, éteins ta cigarette !

— Toi, tu pourrais au moins dire bonjour !

Très vite, le ton monte. Ma fille est arrogante. Lui tremble de rage. J'ai peur qu'il ne la frappe. Pauline les regarde se disputer, tétanisée. Je me tais. Je sais qu'au moindre mot, tout peut exploser…

Pour finir, Jean-Pierre tourne les talons. Il reparaît une heure plus tard et me tend le portable.

— Tiens, je m'en vais. Vous ne me verrez plus. Mais vous viendrez pleurer pour que je vous aide. Vous êtes incapables de vous en sortir toutes seules…

J'accuse le coup. Mes filles haussent les épaules.

— On s'en fiche, me disent-elles après son départ. Bon débarras…

Novembre 2004. Je ne le sais pas encore, mais Géraldine Giraud et Katia Lherbier ont disparu depuis quelques jours. Leurs parents, terriblement inquiets, remuent ciel et terre pour savoir ce qu'il est advenu d'elles.

Ma vie est difficile, mais tranquille. Il y a mon travail. Il y a mes filles. Sans oublier mes petites chiennes, que j'emmène pour de longues promenades en forêt. Et puis mes cours, que j'ai repris, afin de préparer le concours de contrôleur.

Je n'ai plus de contact avec Jean-Pierre. Notre dernière altercation m'a convaincue, s'il en était besoin, qu'il ne changera jamais. Je le revois monter dans la 205 cabriolet de Patricia, l'air hagard, fou de rage. J'entends encore ses mots : « Tu vas me le payer. » Payer. Encore et toujours. Je ne suis donc bonne à rien d'autre…

Je sais que je ne peux plus rien faire pour lui, rien ! Je suis décidée à ne plus l'appeler. Je sais maintenant que je dois à tout prix me détacher de lui, définitivement. Et je m'en sens enfin la force, après des mois, des années d'hésitations. Je ne l'appelle ni ne le vois une seule fois de tout le mois de novembre.

C'est lui qui rompt le silence. La première fois, très agressif, il exige de parler à Pauline. Mais elle refuse de discuter avec son père et s'enferme dans les toilettes, criant à travers la porte :

— Dis-lui qu'il me fiche la paix !

Il appelle une deuxième fois, vers 23 heures, inquiet de n'avoir aucune nouvelle. Il a sa voix des bons jours.

— Je ne t'appelle plus car tu racontes à tout le monde que je te harcèle, voilà tout.

Il se met à rire, prétend qu'il n'a jamais rien dit de pareil. Puis il me demande laquelle des deux chiennes je serais prête à lui donner. À mon silence, il comprend que je ne souhaite me séparer d'aucune.

— Bon, tant pis. Je vais m'acheter un chien…

Troisième appel, quelques jours plus tard. Jean-Pierre, tout joyeux, m'assure que tout va mieux, que sa situation s'est arrangée. A-t-il récupéré l'argent de Patricia ? Silence.

— Ne rêve pas trop quand même !

Sans me répondre, il ajoute :

— J'ai deux ou trois choses à te dire.

— Ah oui ? Lesquelles ?

— Je ne peux pas te les dire par téléphone.

— Écoute, si les choses sont claires, tu peux me les dire au téléphone. Sinon, ça ne m'intéresse pas.

Il me rassure :

— OK. J'ai fait un travail. C'était dur, il y a eu un petit imprévu, mais finalement c'était moins dur que je ne croyais. Et j'ai été très, très bien payé. Maintenant, je suis à l'abri pour un bon moment et même un très bon moment.

Un silence. Je l'entends respirer à l'autre bout du fil. Puis il conclut :

— Dans quelques jours, je te mettrai une enveloppe dans la boîte à lettres avec de l'argent, beaucoup d'argent. Et je mettrai dans le jardin les charmilles que tu m'as demandées. Mais réfléchis bien, pour les chiennes !

Les jours qui suivent, aucune enveloppe dans ma boîte aux lettres, pas plus que de charmilles dans le jardin, d'ailleurs. Je n'en suis pas étonnée. Combien de fois, depuis que je le connais, Jean-Pierre m'a-t-il fait des promesses qu'il n'a jamais tenues ? Je sens bien, cette fois, que quelque chose ne tourne pas rond du tout. Plus qu'une certitude, une prémonition…

22 novembre 2004. 19 heures. Le téléphone sonne. Jean-Pierre veut me voir.

— Ce soir, je ne peux pas. Je dois emmener Pauline chez le dentiste.

— Un autre jour, alors. J'ai des choses à te dire. Mais surtout, viens seule. C'est très important…

Son ton très doux ne lui ressemble pas. Et pourquoi insiste-t-il pour que je vienne seule ?

— Est-ce que tu veux que j'emmène les chiennes ? Comme ça, tu pourras les voir.

— Non, ça m'est égal. C'est toi que je veux voir…

— Écoute, je préfère vraiment qu'on se parle au téléphone.

— Tu ne veux plus me voir ? C'est ça ? Mais viens donc ! Ça ne sera pas long. J'ai juste un truc à te dire…

— Mais quoi ? Enfin, parle ! Tu devrais bien savoir, depuis le temps, que je déteste sortir la nuit !

— Réfléchis… Je te rappellerai. Mais il faut qu'on se voie cette semaine. Après, ce sera plus difficile.

Jean-Pierre ne m'a jamais rappelée. Et pour cause. Le lendemain, les policiers l'ont interpellé. Qu'avait-il de si important à me dire ? Voulait-il m'expliquer, enfin, dans quel pétrin il s'était fourré ? Ou bien, comme j'en ai peur, avait-il décidé de régler définitivement ses comptes avec moi ? Je ne le saurai jamais.

Le lendemain soir, les chiennes se réveillent brusquement. Quelqu'un est devant ma porte.

La sonnette retentit. Je regarde à l'œilleton. Il y a trois hommes. Des amis de Jean-Pierre, venus chercher mes chiennes ? Je cours les enfermer au garage avant de revenir ouvrir. Trois inconnus se tiennent devant moi. Sans le savoir, ils viennent me libérer de ma prison sans barreau : la peur. Ces hommes sont des policiers. Ils vont me parler et m'écouter sans mettre ma parole en doute. Ils vont me croire. Ils ne se moqueront pas de moi, ils ne me diront pas que je suis folle, ils ne m'accableront pas.

Ils vont me tendre la main, tout simplement, et me rendre ces biens dont j'ai été privée pendant quinze années de misère : ma dignité et mon honneur.

Ils vont tout simplement se montrer humains.

Épilogue

L'année 2006 se profile. Le mot « bonheur » ne fait plus partie de mon vocabulaire. Sans doute n'y ai-je plus droit. Je vis, c'est tout. Et je n'aspire qu'à la paix.

Lorsque Anaïs et moi nous penchons sur notre passé, nous nous disons en riant que nous avons hérité d'un drôle de karma. Pour être aussi malchanceuses et malheureuses, nous avons dû être de bien vilains personnages dans nos vies antérieures ! Nous jouons à dresser une liste de tous les monstres de l'Histoire. Attila. Hitler. Staline... À moins que nous ayons été d'obscurs méchants... De ceux qui n'ont jamais fait le mal eux-mêmes, mais qui ont fermé leur cœur et leur porte à ceux qui les imploraient ?

Mais il ne faut pas se décourager. Nous sommes ensemble et nous nous aimons. J'ai un bon travail, une jolie petite maison et nous ne devons rien à personne. En fait, nous sommes un peu des privilégiées...

Je n'ai plus écrit à Jean-Pierre depuis des mois. Ma décision est prise de demander le divorce. Convoquée au tribunal au mois de mars, j'ai demandé à Stéphane de m'accompagner. Je n'ai pas envie de me retrouver seule. J'ai besoin de sentir un ami près de moi... et je n'ai que lui. De son côté, il verra Jean-Pierre Treiber. Il n'est pas journaliste pour rien, après tout !

Il est 10 heures lorsque j'arrive au tribunal. La salle des pas perdus est bondée. Je regarde tous ces gens en compagnie de leurs avocats. Ils bavardent, semblent avoir des choses à se dire. Moi, j'ai surtout envie de pleurer. Tant de femmes se sont sans doute mariées en toute confiance, croyant comme moi au bonheur, avant de voir leurs rêves se briser sur la tromperie et dans les larmes ! Tant d'espoirs déçus, tant de méchancetés dévoilées, tant de mesquineries ! Triste et affligeant spectacle dont je suis moi-même une actrice.

— Bonjour, Marie-Pascale.

Stéphane arrive en même temps que mon avocat. Nous nous embrassons. Puis, toujours discret, il va attendre un peu plus loin. Mon conseil m'explique comment les choses vont se dérouler. Mais j'ai du mal à l'écouter. Je suis tellement tendue et bouleversée qu'il me faut marcher. Je n'ai plus revu mon mari depuis le 22 octobre 2004. Et dans quelques instants, nous allons nous retrouver face à face. Il m'a tellement bafouée, tellement humiliée ! Comment trouver la force de l'affronter ?

Je n'ai pas à me poser trop longtemps la question. Jean-Pierre arrive, menotté et encadré de six gendarmes. Il regarde autour de lui, comme s'il cherchait quelque chose. M'a-t-il aperçue ? Ses yeux se posent sur la porte du cabinet du juge. Le chef d'escorte frappe au battant de bois. La greffière sort pour lui indiquer une salle d'attente privative. J'entends des exclamations scandalisées ou étonnées. Les gens chuchotent, s'agitent. Je me fais toute petite…

Quelques minutes plus tard, Jean-Pierre et les gendarmes pénètrent dans le cabinet du magistrat. Que s'y passe-t-il ? Que s'y dit-il ? Peu de temps ensuite, les voilà qui ressortent. Puis la voix de la greffière résonne :

— Madame Treiber ?

À cet instant, on sent passer comme un souffle dans la salle. Un « oh ! » mi-surpris, mi-réprobateur. Je m'élance vers le bureau du juge. Sous l'effet de la honte, je me précipite. Je n'ai qu'une envie, fuir tous ces gens pour qui, voilà quelques minutes encore, je n'étais qu'une anonyme, et qui me fusillent à présent du regard.

La magistrate qui doit statuer sur mon dossier de divorce est aussi jolie que souriante. Ses yeux sont animés d'une lueur vive. Elle me fait asseoir et me demande comment je me sens.

— Très mal. Nous avons beaucoup souffert de cette affaire.

Elle acquiesce de la tête, sans un mot. Je lui explique à quel point mes filles sont bouleversées et déstabilisées. Ensuite, je lui tends la liste de mes meubles et objets personnels restés chez mon mari.

— J'aimerais les récupérer…

— Je dois la lui montrer, me dit-elle.

Je ressors. Presque aussitôt a lieu la confrontation, en présence de nos avocats et de six gendarmes. Je suis à moins de trois mètres de Jean-Pierre. Il ne me regarde pas. De mon côté, j'évite également de tourner les yeux vers lui. La tension est telle, dans ce petit cabinet, qu'elle en devient presque palpable.

— Monsieur, demande la magistrate au chef d'escorte, votre présence et celle de vos hommes est-elle nécessaire ?

— Nous avons des ordres, madame la juge.

À mon grand soulagement, les gendarmes vont donc rester. Jean-Pierre semble d'un calme olympien. Comme la juge lui tend ma liste, il s'en empare et y jette un œil, puis se tourne vers moi.

— Tu es sûre qu'il y a tout ça ?

— Oui.

Sans le regarder, j'ajoute :

— Ces objets m'appartiennent. Je veux les récupérer… Si tu ne les as pas mis en vente, comme l'armoire en merisier.

— De quelle armoire est-ce que tu me parles ?

Il accompagne ces mots d'un geste qui signifie : « Elle est folle. »

Puis, toujours aussi calmement :

— Je ne veux plus qu'elle ait la garde de Pauline, dit-il au juge. Elle est incapable de s'occuper d'elle correctement.

— Monsieur Treiber, votre fille est bientôt majeure et, compte tenu des faits qui vous sont reprochés, vous n'avez pas le choix. Si Pauline accepte de continuer à vivre avec sa mère, vous ne pouvez pas vous y opposer. N'oubliez pas que vous ne versez aucune pension et que c'est votre femme seule qui a la charge de cette adolescente.

— D'ailleurs, ajoute mon avocat, Mme Treiber est une très bonne mère !

Silence de Jean-Pierre. Avons-nous quelque chose à ajouter ? Comme tel n'est pas le cas, la juge referme le dossier et nous informe qu'elle rendra bientôt son verdict.

Voilà. C'est terminé. Je sors du bureau et me retrouve dans le hall. D'instinct, je me retourne. Les six gendarmes et mon époux marchent derrière moi. Prise de panique, je me dirige vers l'ascenseur et appuie précipitamment sur le bouton. Mais ils se dirigent toujours vers moi. Eux aussi semblent vouloir emprunter l'ascenseur ! Je regarde autour de moi et me précipite vers un escalier. Au moment de m'y engager, je jette un coup d'œil furtif par-dessus mon épaule. Jean-Pierre ouvre la bouche comme pour m'appeler, mais je me sauve sans hésiter. Au rez-de-chaussée, mes yeux s'embuent. Je ne distingue plus rien. Je ne sais plus où je suis. Je suis perdue.

La sonnerie de mon portable retentit. Stéphane me demande de l'attendre. Lorsqu'il arrive, je suis tellement énervée que je lui saisis les mains et les agite en murmurant des propos incohérents. Il me demande de me calmer et m'entraîne dans la rue, me serrant énergiquement le bras.

Il fait froid, très froid. Des larmes me montent aux yeux. Stéphane me demande de ne pas pleurer. Alors que nous sommes arrêtés au coin de la rue, une voiture passe en trombe. Jean-Pierre est assis à l'intérieur, entouré des gendarmes.

C'est la dernière fois que je le vois. Mais je recevrai encore une dernière lettre de lui, le 8 décembre 2007.

Marie,

Si je t'écris aujourd'hui c'est que j'ai vraiment besoin d'avoir de tes nouvelles. Voila trop longtemps que j'hésite à le faire, c'est peut-être nul de ma part de ne pas l'avoir fait avant mais après toutes les lettres restées sans réponse, je pense que tu comprend mieux mon attitude. Tu me manque, malgré tout ce qui nous sépare je ne cesse de penser à toi et aux filles.

Je peut comprendre que tu m'en a voulue, que tu était malheureuse, mais ne me juge pas sur ce qu'ils t'ont raconté « flics et autres » ils ont juste essayer de se servir de toi contre moi, et je sais de quoi je parle ! Sa ne leur a servis à rien, sauf à nous séparer définitivement. Depuis le début, ils s'acharnent contre moi et ils n'ont pas changé de cap ! l'impartialité et la présomption d'innocence ne semble plus exister ici, pour eux je suis le coupable… mais les assassins eux sont toujours en liberté. Marie, je sais que toi tu peut imaginer ce que je vis ici, tu sais, je n'ai pas changé, j'ai toujours gardé tes lettres et quand je les relis tu es près de moi. Même si tu a refait ta vie je ne t'en voudrais pas. Ce qui me manque c'est juste d'avoir de vos nouvelles, de toi, de Nanou et de Pauline, bientôt ce sera mon 4ᵉ Noël que je vais passer dans ces murs pour des faits que je n'ai pas commis, alors si je pouvais avoir de nouveau des lettres de toi et de nos filles, ce sera peut être déjà moins dur. Je te demande pardon de tout ce que vous avez eu à subir à cause de moi. Fait de gros bisous à Anaïs et à Pauline et surtout dit leur que je les aimes très fort et que je pense beaucoup à eux aussi.

Marie, tu me manque, je t'embrasse bien fort,

Jean-Pierre

PS : Si je n'ai pas de vos nouvelles, passez tous de bonnes fêtes de fin d'année.

Un an plus tôt, le 19 novembre 2006, le juge entreprend une reconstitution des faits, qui fait encore l'objet de nombreux articles, de débats et de reportages. Pour moi, tout va mieux. J'ai réussi à prendre un peu de recul et on me laisse en paix.

De cette reconstitution, rien ne ressortira de nouveau, si ce n'est qu'elle permet de constater que Jean-Pierre a fort bien pu jeter les deux jeunes femmes dans le puisard sans l'aide de quiconque. Bien entendu, il reste dans le vague le plus complet et ne reconnaît absolument rien. D'évidence, ce mystère l'amuse. Il continue de parler de deux hommes qui auraient emmené Katia et Géraldine. Mais si ces assassins existent, ils doivent forcément le connaître et savoir où il habite. Et lui aussi doit les connaître ! Et puis, comment expliquer qu'il ait été en possession des cartes bancaires de ces femmes et que l'on ait retrouvé leurs deux cadavres chez lui ? Je ne crois pas un mot de ses déclarations. Il a tant menti, et à tout propos – ne serait-ce que cette histoire d'armoire, dont j'ai la preuve –, que je ne vois vraiment pas pourquoi il irait dire la vérité dans une affaire aussi grave.

Lors de cette reconstitution, Patricia D. a déclaré aux journalistes : « Je lui flanquerais bien des gifles. » Quelle reconnaissance pour une femme qui a si largement profité de son amant ! Quelle amnésie !

L'enquête continue. Je garde contact avec les policiers. Mon opinion est faite, et la leur aussi. En mars 2007, ils partent en Pologne pour questionner Arnaud, un ami de Jean-Pierre. Tout à fait étranger à cette histoire, le type est aussitôt relâché, mais sa photo et son CV font la une des journaux. Décidément, cette affaire est porteuse ! Elle l'est même à double titre : l'une des victimes est la fille d'un acteur très apprécié, et ses protagonistes sont des personnages aussi énigmatiques que repoussants.

J'attends maintenant le procès, où je serai citée comme témoin. Je n'ai rien à voir dans l'affaire, mais on me questionnera sur ma vie commune avec Jean-Pierre Treiber. À la barre, je serai seule, pétrifiée, mais j'irai au bout de ce calvaire. Je le dois à la mémoire des jeunes femmes assassinées et à leur famille. Il me faut impérativement aller dire toute la vérité à la barre. Une vérité qui me consume.

Voilà, les mots sont dits. Ma vie est là. Une vie gâchée à me vouloir aimée de gens qui n'en étaient pas capables. Deux êtres au monde, ma mère et mon mari, m'ont fait plus de mal que tous les autres réunis. Des gens bienfaisants, il en existe pourtant. J'en ai rencontré. Ce sont eux qui comptent le plus dans mon cœur.

Qu'importe à présent ce qui m'arrivera encore. Je n'attends plus rien de la vie. Mon chemin de croix n'est pas fini. Mais je dois garder un peu de force pour continuer à élever mes filles, les aider à se faire une situation, leur offrir un avenir. J'ai voulu les épargner. Y suis-je parvenue ? J'ai fait ce que j'ai pu, non ce que j'ai voulu.

Maintenant, je suis assise là et je suis seule, si seule… Le téléphone ne sonne plus. Personne ne m'appelle, sauf mes enfants. Parfois, Stéphane vient prendre gentiment de mes nouvelles.

Le matin, il m'arrive de me regarder longuement dans le miroir. Cette histoire m'a vieillie, marquée. J'en sors éreintée. Dehors, il y a la vie. Je me dois de respecter ma promesse de ne pas faire aux autres ce que je ne voudrais pas que l'on me fasse. Ainsi, je n'aurai pas de remords. Seulement des regrets.

Je regarde jouer les enfants du quartier, si beaux, si insouciants ! Je ne leur souhaite que du bonheur. Dans leurs yeux, il y a tant de pureté que je me surprends à croire de nouveau en la beauté humaine.

Jamais. Il ne faut jamais regretter d'avoir aimé. C'est la seule richesse que nous emmènerons avec nous. La seule vraie richesse qu'il nous soit permis de transmettre, et qui procure à ceux qui l'ont reçue la force de vivre. N'écoutez pas ceux qui s'en moquent !

Cet ouvrage a été composé
par Atlant' Communication
aux Sables d'Olonne (Vendée)

Impression réalisée par

CPI
Brodard & Taupin
La Flèche
en septembre 2009

pour le compte des Éditions de l'Archipel
département éditorial
de la S.A.S. Écriture-Communication

Imprimé en France
N° d'impression : 54699
Dépôt légal : octobre 2009